Ute Rabe

Kochen und Backen mit Hafer

Ute Rabe

KOCHEN UND BACKEN MIT HAFER

pala-verlag

Mein besonderer Dank gilt der Familie Gehrsitz aus Würzburg, die mich bei dem Kapitel über die Haferverarbeitung mit ihrem Fachwissen tatkräftig unterstützt hat.

ISBN: 3-923176-81-3
Copyright 1992: pala-verlag, 6117 Schaafheim
Alle Rechte vorbehalten
Lektorat: Ute Galter
Umschlaggestaltung: Heine & Lukasczyk, Mühltal
Titelfoto: Erika Heine
Illustrationen: Gundel Hädeler
Druck: Fuldaer Verlagsanstalt, Fulda

Inhalt

Hafer, franz. avoine, engl. oats, lat. Avena sativa. Diese in mannigfachen Sorten angebaute Getreideart, welche fast in jedem Boden, außer in losem Sandboden, gedeiht, auf thonhaltigen und feuchten Feldern aber außerordentlich ergiebige Frucht trägt, wird bei uns meist nur als Pferdefutter benützt, wogegen man in Schottland, Schweden und Norwegen das Hafermehl zum Brodbacken und zur Bereitung von Mehlbrei stark verwendet. Die Gelehrten stellen die Behauptung auf, daß die nährenden und zur Muskelbildung erforderlichen Stoffe im Hafer in viel größerem Maße vorhanden seien, als in allen übrigen Getreidearten, und weisen zur Bestärkung dieser Aussage auf die kräftigen, muskulösen Schotten und Norweger hin, welche sich fast ausschließlich von Hafermehl nähren. Wir kennen eigentlich nur die Anwendung der geschrotenen, enthülsten Haferkörner als Hafergrütze in der Krankenküche; im östlichen und nördlichen Deutschland benützt man indessen die Hafergrütze auch zur Bereitung von Brei und Suppen, s. Grütze.

Aus: Universal-Lexikon der Kochkunst, Leipzig 1893

Die Ursprünge des Hafers

Die Kulturpflanze Hafer ist wesentlich jünger als beispielsweise der Weizen oder die Gerste. Der älteste europäische Haferfund, einige verkohlte Haferkörner, stammt aus der Zeit um 2400 v. Chr. Ausgrabungen von Weizen und Gerste im Nahen Osten dagegen lassen sich in die Zeit um 7000 bis 8000 v. Chr. zurückdatieren. Als Beimischung wurde Hafer allerdings in Weizen- und Gerstenfunden aus dem 5. Jahrtausend v. Chr. entdeckt.

Man nimmt an, daß der Hafer mit anderen Getreidearten als „Unkraut" nach Europa kam. Da er ein kühleres Klima und mehr Feuchtigkeit verträgt als anderes Getreide, hatte er gegenüber seinen Konkurrenten in unseren Breiten eindeutige Vorteile. Durch die generelle Abkühlung und die deutliche Zunahme der Niederschläge in der Zeit zwischen 1.000 und 800 v. Chr. entwickelte sich aus dem „Unkraut" allmählich eine Kulturpflanze. In griechischen und lateinischen Texten taucht Hafer ab 400 v. Chr. zum ersten Mal auf. Am weitesten verbreitet war der Hafer in Mittel- und Nordeuropa, wobei er anfänglich nur als Beimischung zu Gerste oder Emmer (eine uralte Weizensorte) genutzt wurde. Die ältesten Bodenfunde, die einen Reinanbau von Hafer bezeugen, stammen aus dem 1. Jahrhundert n. Chr. aus der Gegend von Lüneburg. Dies deckt sich mit den Angaben des römischen Geschichtsschreibers Plinius (23 - 79 n. Chr.), der von germanischen Völker berichtet, die Hafer säten und sich hauptsächlich von Haferbrei ernährten.

Im Mittelalter gehörte Hafermus, ein Brei aus Hafer mit Wasser oder Milch, besonders bei den einfachen Bevölkerungsschichten zu den Grundnahrungsmitteln. Diese Bedeutung verlor der Hafer erst durch die Einführung der Kartoffel um 1850. Besonders traditionsreiche Hafergebiete sind Britannien und Irland. Hier kommt dem Hafer das feucht-kühle, im Winter jedoch ausgeglichene und frostarme Klima sehr entgegen. Heute baut man Hafer in den gemäßigten Zonen Europas und Nordamerikas, aber auch in Australien, an.

Merkmale

Obwohl der Hafer wie andere in unseren Breiten heimische Getreidesorten zu den Gräsern gehört, nimmt er durch sein Aussehen eine Sonderstellung ein, denn er besitzt Rispen statt Ähren. In unseren Breiten hat sich der Saathafer (Avena sativa L.) durchgesetzt.

Behandelt man den Hafer nicht mit halmverkürzenden Mitteln, können die Halme bis zu 1,50 m hoch werden. Sie tragen eine bis zu 30 cm lange Rispe. Am Ende der Äste dieser Rispen hängen die einzelnen Ähr-

10

chen, die in der Regel 2, manchmal auch 3 Körner enthalten; diese sind einzeln von Spelzen umschlossen. Das Ganze wird von 2 Hüllspelzen geschützt. Je nach Sorte sind manche Spelzen leicht begrannt, d.h. sie haben eine steife, widerhaarige Borste. In derselben Rispe können sowohl begrannte als auch unbegrannte Spelzen vorkommen. Diese sind zwar nicht mit den Körnern verwachsen, sie sitzen aber so fest, daß Hafer in einem speziellen Arbeitsgang in der Mühle geschält werden muß. Beim Dreschen im Mähdrescher fallen die bespelzten Körner lediglich aus den Hüllspelzen.

Eine weitere Besonderheit der Haferkörner ist es, daß sie mit einem sehr starken Flaum bewachsen sind. Da dieser Flaum beim Essen kratzen und kitzeln würde, wird er bei der Reinigung in einem eigenen Arbeitsschritt entfernt.

Haferährchen mit Hüllspelzen

Haferkorn mit Flaum

Eine Ausnahme in bezug auf die Spelzen bildet eine Spezialzüchtung, der Nackthafer. Seine Körner fallen beim Dreschen aus. Er wird allerdings recht selten angebaut, da die angezüchteten Eigenschaften nicht sehr stabil sind und die Nachkommen von Nackthafer bereits nach wenigen Generationen wieder bespelzt sind; daher muß das teure Hochzuchtsaatgut immer neu gekauft werden. Zudem sind nie alle Körner ohne Spelzen, so daß - um einwandfreie Ware zu bekommen - auch Nackthafer geschält werden muß. Durch diesen Mehraufwand erklärt sich der höhere Preis.

Hafer besitzt ein stark ausgebildetes Wurzelwerk und kann die Nährstoffreserven des Bodens dadurch gut nutzen. Am besten gedeiht er auf schweren Böden, aber seine Ansprüche an die Ackerqualität sind gering. Gegenüber ungünstiger Bodenstruktur und sauren Reaktionen ist er unempfindlich. Nur in bezug auf die Feuchtigkeit ist Hafer etwas wählerisch. Er braucht besonders in der Zeit des ersten Wachstums im Frühjahr ausreichende Niederschläge und eine hohe Luftfeuchtigkeit. Dann sprießen aus jeder Pflanze bis zu 3 Halme, manchmal sogar noch mehr. Eine starke Trockenheit bewirkt, daß die Pflanze zwar Rispen ausbildet, in den Blüten jedoch keine Körner wachsen. Hafer ist auch relativ frostempfindlich und wird daher meist als Sommergetreide im Februar oder März ausgesät.

Aufgrund seiner Klimaansprüche ist Hafer in Nord-

und Mitteleuropa, vor allem in Skandinavien und Britannien, heimisch. In Deutschland steht der Haferanbau mengenmäßig an dritter Stelle nach Gerste und Weizen. Ein Teil des Hafers - sowohl die Körner als auch das Stroh - wird verfüttert; ein weiterer Teil wird als Grünfutter verwendet.

Inhaltsstoffe

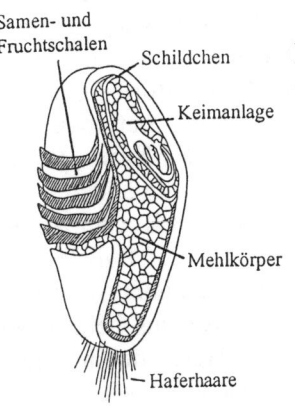

Samen- und Fruchtschalen
Schildchen
Keimanlage
Mehlkörper
Haferhaare

Der Aufbau des durchschnittlich 5 - 11 mm langen Haferkorns ähnelt dem Weizen- oder Gerstenkorn. Das Haferkorn ist länglich-eiförmig mit einer tiefen Furche an der Bauchseite. Ungewöhnlich ist die sehr starke, seidige Behaarung mit ausgeprägtem Bart an der Kornspitze.

Das Korn besteht aus Keimanlage, Mehlkörper und den verschiedenen übereinanderliegenden Samen und Fruchtschalen, die das gesamte Korn umschließen. Die

Keimanlage wird durch das sogenannte Schildchen vom Mehlkörper getrennt. Im Mehlkörper sind Nährstoffe für den Keimvorgang in Form von Kohlenhydraten gespeichert. Der Mehlkörper macht etwa 61 % des Korngewichtes aus, während die Randschichten, die man unter dem Begriff Haferkleie zusammenfaßt, durchschnittlich 35 % des Gewichtes darstellen. Der Rest entfällt auf den Keimling.

Eine für den Nährwert besonders wichtige Gruppe von Inhaltsstoffen des Hafers sind die Kohlenhydrate, von denen die leicht verdauliche Haferstärke am wichtigsten ist. Sie ist im Mehlkörper und in ganz geringen Mengen auch in den Randschichten enthalten. Die für die Menschen unverdaulichen Ballaststoffe, eine andere Untergruppe der Kohlenhydrate, befinden sich ausschließlich in den Randschichten des Korns. Da die Ballaststoffe beim Hafer im Gegensatz zu anderen Getreidearten löslich sind, kommt es beim Kochen zu der charakteristischen Schleimbildung; die Ballaststoffe wirken auf die menschliche Gesundheit äußerst positiv.

Im Unterschied zu den anderen bei uns heimischen Getreidesorten zeichnet sich der Hafer durch seinen hohen Fettgehalt aus. Das Fett ist nicht wie bei den meisten anderen Arten auf die Keimanlage konzentriert, sondern zwischen den Stärkezellen des Nährgewebes im Mehlkörper fein verteilt. Das Fett im Hafer ist gut verwertbar. Neben der hohen Verdaulichkeit wirkt sich der große Anteil an essentiellen Fettsäuren wie Linol- und Linolensäure positiv aus. Etwa 80 % des Haferfettes sind ungesättigte Fettsäuren. Der hohe Fettgehalt im Hafer hat allerdings einen Nachteil: Er beeinflußt die Lagerfähigkeit von Körnern, deren Außenhaut beschädigt ist. Da das Fett sofort von Enzymen umgewandelt wird, entsteht in gemahlenen oder gequetschten Haferkörnern schon nach wenigen Stunden ein bitterer und ranziger Geschmack. Haferflocken beispielsweise werden erst lagerfähig, nachdem die Enzyme durch Hitzeeinwirkung inaktiviert wurden.

Hafer zählt neben Weizen zu den eiweißreichsten Getreiden. Aufgrund des hohen Anteils an essentiellen Aminosäuren, vor allem an Lysin, besitzt das Hafereiweiß für die Ernährung eine besonders hohe Wertigkeit. Der Lysinanteil bei Hafer ist höher als bei Weizen. Nahezu die Hälfte des Eiweißes befindet sich in den Randschichten des Haferkorns. Nackthafer ist dem normalen Hafer übrigens sowohl im Fett- als auch im Eiweißgehalt überlegen.

Beim Backen macht sich bemerkbar, daß Hafer kein Gliadin enthält. Dieser besondere Eiweißstoff, ein Bestandteil des Glutens, verleiht den Teigen Elastizität und Zusammenhalt. Aus diesem Grund läßt sich Hafer nur mit speziellen Tricks verbacken.

An Vitaminen sind im Hafer - wie in allen Getreiden - besonders die der E-Gruppe reichlich enthalten. Der

Gehalt an Thiamin (Vitamin B1) übertrifft den aller anderen Getreidearten. Die übrigen B-Vitamine sind in eher durchschnittlichen Mengen vertreten.

Unter den Spurenelementen ist besonders der hohe Eisengehalt hervorzuheben. Hafer ist daher gerade für schwangere und stillende Frauen empfehlenswert. Im Vergleich zu anderen Getreide arten ist der Kalzium-gehalt zwar vergleichsweise hoch; als alleinige Kalzi-umquelle ist Hafer jedoch nicht geeignet. Um den Ta-gesbedarf an Kalzium zu decken, müßte man fast 1 kg Haferflocken zu sich nehmen. Das klassische Müsli aus Hafer und Milch stellt eine optimale Kombination dar, da Milch sehr kalziumhaltig ist und der Hafer den mangelden Eisengehalt der Milch ausgleicht.

Für den menschlichen Bedarf sind die verschiedenen Nährstoffe im Hafer in einem sehr ausgeglichenen Verhältnis enthalten.

Schadstoffe

Von Verunreinigungen durch umweltbedingte Schad-stoffe bleibt natürlich auch der Hafer nicht verschont; er kann insbesondere mit Blei, Quecksilber und Cadmium belastet sein. Durch Bürsten bei der Getrei-dereinigung kann man den Schadstoffgehalt verringern (Quecksilber um 70 %, Blei um 50 % und Cadmium um 10 %). Ursachen für diese Schadstoffbelastung sind vor allem Autoverkehr, Müllverbrennung und Klärschlamm, der auf die Felder ausgebracht wird. Auch Produkte aus kontrolliert biologischem Anbau können nicht frei von Schadstoffen sein, da sie den Belastungen aus der Luft ebenso ausgesetzt sind wie konventionelle Produkte. Nur eine eindeutige Verringerung des gesamten Schadstoffausstoßes - etwa die Einstellung der Müllverbrennung und der Ausbau des öffentlichen Verkehrsnetzes zur Eindämmung des Individualverkehrs - könnte an dieser Situation grundsätzlich etwas ändern.

Vom Haferkorn zur Flocke

Zur Herstellung von Haferflocken werden Haferkörner zwischen zwei Walzen plattgedrückt. Im Englischen weist der Name auf diesen Produktionsprozeß hin: „rolled oats" (gewalzter Hafer). Das Walzen ist jedoch nur ein Schritt von vielen. Die Haferkörner durchlaufen in der Mühle eine Vielzahl einzelner Stationen, die für das hochwertige Endprodukt alle wichtig sind. Es lohnt sich also, eine Hafermühle etwas genauer zu betrachten. (Im folgenden siehe Schaubild S. 18/19).

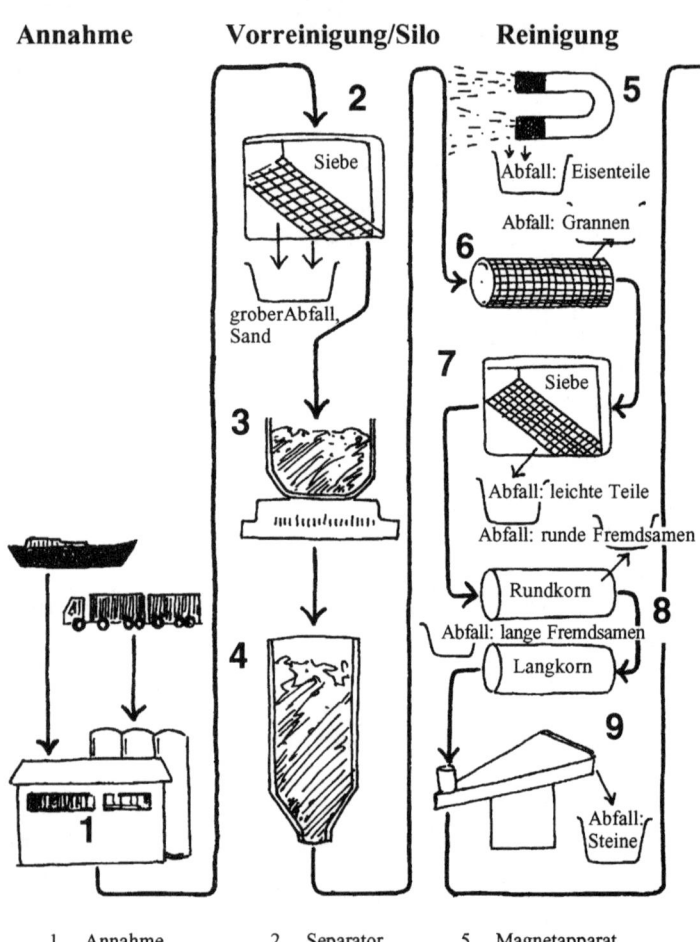

Annahme	Vorreinigung/Silo	Reinigung

| 2 | Siebe |
| groberAbfall, Sand |
| 3 |
| 4 |

5 — Abfall: Eisenteile

Abfall: Grannen

6

7 — Siebe

Abfall: leichte Teile

Abfall: runde Fremdsamen

Rundkorn

8

Abfall: lange Fremdsamen

Langkorn

9 — Abfall: Steine

1	Annahme		2	Separator		5	Magnetapparat
			3	Waage		6	Entgranner
			4	Silo		7	Aspirateur
						8	Trieure
						9	Steinausleser

18

Darren   Schälen/Enthaaren   Flockenherstellung

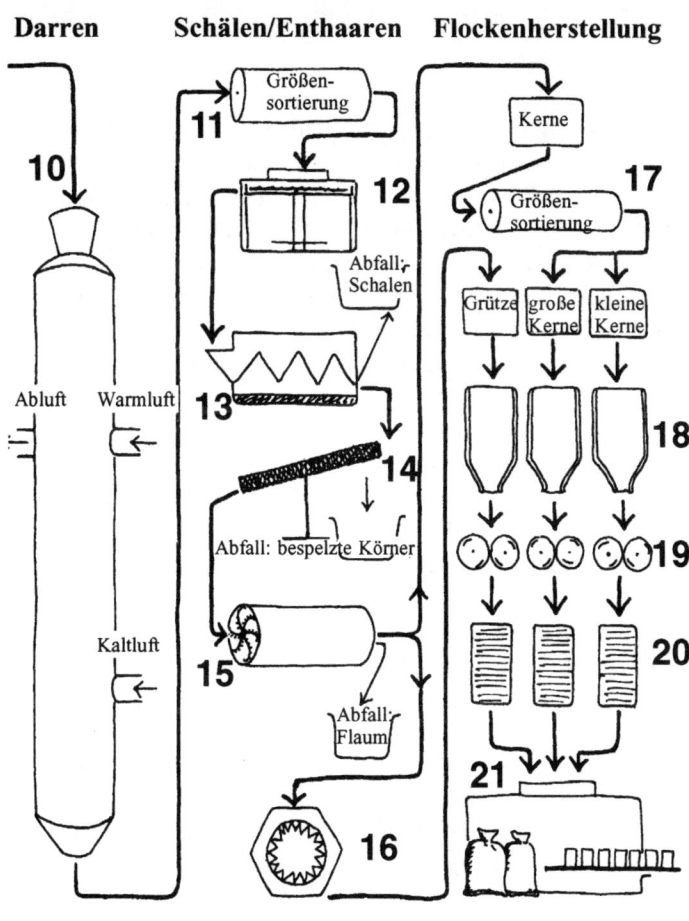

Darren

10

Abluft   Warmluft

13

14

Abfall: bespelzte Körner

Kaltluft

15

Abfall: Flaum

16

Schälen/Enthaaren

Größensortierung

11

12

Abfall: Schalen

Flockenherstellung

Kerne

Größensortierung

17

Grütze   große Kerne   kleine Kerne

18

19

20

21

10 Darre	11 Trieur	17 Trieur
	12 Schälmaschine	18 Dampfapparat
	13 Schalenseparator	19 Flockenstuhl
	14 Tischausleser	20 Trockenband
	15 Bürstmaschine	21 Abfüllanlage
	16 Grützeschneider	

19

Eigentlich ist „Hafermühle" nicht ganz der richtige Ausdruck, denn außer Hafer, der den größten Anteil der Produktion ausmacht, können hier auch alle anderen Getreidesorten zu Flocken verarbeitet werden. Besser paßt daher die Bezeichnung Flockenmühle. Mehl läßt sich in einer Flockenmühle allerdings nicht herstellen, und umgekehrt gibt es in einer Mehlmühle keine Möglichkeit, Getreideflocken zu pressen.

Ankunft und Eingangskontrolle

Der Weg eines Haferkorns durch die Mühle ist lang; das Ausrollen der Flocken ist erst der allerletzte Schritt. Bei der Anlieferung (1), die je nach Gegebenheit lose auf Lastwagen oder Schiffen erfolgt, ist der Hafer noch von den Spelzen umschlossen. In einer Vorreinigungsstufe wird er mit Sieben von groben Verunreinigungen wie Erdklumpen, Strohteilen und Sand getrennt (2). Über eine Eingangswaage (3) läuft der Hafer dann in große Silos (4). Ein mittlerer Mühlenbetrieb besitzt etwa 8 Silos mit einem Volumen von je 40 - 65 t. Zum Vergleich: Getreidespeicher von Lagerhäusern großer Speditionsgesellschaften haben zum Teil eine Gesamtkapazität von bis zu 100 000 t. Da die Spelzen den Körnern bei der Lagerung einen gewissen Schutz bieten, kann bespelzter Hafer bis zu einem Jahr gelagert werden.

Bevor das Getreide eingelagert wird, werden Durchschnittsproben jeder Charge genommen. Dabei wird folgendes bestimmt:

- Feuchtigkeitsgehalt. Bei der Annahme dürfen die Körner nicht mehr als 13 - 15 % Feuchtigkeit haben. Getreide mit mehr als 15 % Feuchtigkeit ist nicht lagerfähig; es schimmelt und keimt aus.

- Spezifisches Gewicht. Es liegt für Hafer etwa bei 520 bis 550 g. Danach wird die Qualität von Hafer beurteilt. Je höher das spezifische Gewicht ist, desto niedriger ist der Spelzenanteil und desto größer sind auch die Körner.

- Von Getreide aus kontrolliert biologischem Anbau wird beim Landwirtschaftlichen Untersuchungsamt eine gesonderte Probe auf Rückstände von Pflanzenbehandlungsmitteln untersucht. Die Anbauverbände kontrollieren die Mühlenbetriebe im jährlichen Turnus. Außerdem werden unangemeldet Stichproben genommen. Eine spezielle Buchführung der Mühlenbetriebe ermöglicht es, den Weg von der fertig abgepackten Ware zurück bis zur Erzeugung des Getreides zu verfolgen.

Der lange Weg durch die Mühle

Damit aus dem eingelagerten Hafer ein genießbares Endprodukt wird, müssen vor allem die Spelzen entfernt und die Körner gründlich gereinigt werden. Zunächst laufen die bespelzten Körner an einem Magneten vorbei, der kleine Eisenteile entfernt (5). Vor dem eigentlichen Entspelzen müssen die Grannen von den Spelzen entfernt werden. Dies geschieht in einer Trommel, deren Außenwand aus einem sehr feinen Sieb besteht, durch das die Körner nicht hindurchpassen. Von einem Rotor werden die Körner sehr schnell in der Trommel herumgewirbelt und prallen an das Vierkantsieb an der Außenwand, wo die Grannen abbrechen. Zusammen mit Schalenteilen und Staub fallen diese durch das Sieb nach außen (6). Im Aspirateur werden leichte und übergroße Beimengungen wie Strohteile anschließend durch einen Luftstrom aussortiert. Mit Sieben wird Sand herausgesiebt (7).

Nun sollen die immer noch bespelzten Haferkörner von Unkrautsamen getrennt werden. Dies geschieht in sogenannten Trieuren, in denen man sich die unterschiedliche Größe und Form der Körner zunutze macht. Trieure (8) sind große, waagerecht montierte Metalltrommeln, die sich drehen. Sie werden etwa zu 1/3 mit Getreide befüllt. Die Wände haben unzählige kleine Vertiefungen, deren Form den Körnern entspricht, die man auslesen will, z.B. runde Platterbsensamen. Da diese kleiner sind als die Haferkörner, setzen sie sich in die entsprechenden Löcher. Bei der Aufwärtsdrehung der Trommel werden sie mitgenommen, während das Getreide am Grund bleibt. Am Scheitelpunkt werden die Samenkörner in eine Auffangrinne gekippt, die sich in der Mitte der Trommel befindet.

Um die gängigen Unkräuter auszusortieren, braucht man mindestens zwei Trieure mit unterschiedlichen Vertiefungen in den Wänden, die hintereinandergestellt werden. Im einen werden die kleinen runden Samen, z.B. Platterbsensamen, ausgelesen, im anderen die langen dünnen, z.B. Flughafer.

Ein Steinausleser separiert die kleinen Steinchen, die etwa Korngröße haben oder noch kleiner sind (9). Dies ist für das Mahlen zuhause sehr wichtig, da ein einziges Steinchen unter Umständen das ganze Mahlwerk der Haushaltsmühle zerstören kann.

Nun durchläuft der Hafer die Darre (10), wo der Feuchtigkeitsgehalt durch warme Luft auf 11 % reduziert wird. Nur so kann der Hafer geschält werden. Zudem werden durch die Wärme Schimmelsporen und Bakterien vernichtet, was besonders wichtig ist, wenn der Hafer roh gegessen wird. Bei biologisch erzeugter Ware ist die Reduzierung dieser Keime auch aus dem Grund empfehlenswert, weil keine chemischen Hilfsstoffe bei der Lagerung eingesetzt werden dürfen.

Vor dem Schälgang müssen die Haferkörner noch nach Größe sortiert werden, was wieder in speziellen Trieuren geschieht (11). In der Schälmaschine (12) fallen die Körner auf eine waagerecht rotierende Scheibe, die sie nach außen schleudert. Die Körner prallen mit der Spitze gegen einen Stahlring, der um die Scheibe herum verläuft. Dabei platzen die Spelzen auf und geben das Korn frei. Die Spelzen werden abgesaugt, die Körner fallen nach unten. Ein Schalenseparator entfernt verbliebene Schalen (13). Da niemals alle Spelzen in der Schälmaschine bersten, müssen nun die wenigen bespelzt gebliebenen Körner von den geschälten auf sogenannten Tischauslesern (14) getrennt werden. Die ausgelesenen bespelzten Haferkörner werden zu Viehfutter verarbeitet. Die geschälten sind aber noch immer nicht „verbrauchsfertig" - erst muß der Flaum entfernt werden, und zwar in einer rotierenden Trommel, deren Innenseite mit Bürsten bestückt ist. Von der Mitte aus drücken andere Bürsten dagegen, die sich in der Gegenrichtung drehen. Dazwischen werden die Haferkörner enthaart. Die entfernten Härchen werden abgesaugt (15). Nun hat man sozusagen küchenfertige Haferkörner. Man kann sie wie Reis weichkochen und damit Aufläufe, Salate und, und, und ...... zubereiten.

Von körnig-grob bis samtig-zart

Es kann sich aber auch noch ein weiterer Arbeitsschritt anschließen: die Haferflockenherstellung. Dazu werden die Körner noch einmal nach Größe sortiert (17) und dann in einem Trichter unter Dampfzufuhr thermisch behandelt (18). Dadurch werden die Enzyme, die sonst zur schnellen Zersetzung des Fettes beitragen würden, inaktiviert und das Fett stabilisiert. (Flocken aus unbehandelten Körnern zerbröseln und werden innerhalb weniger Stunden bitter, weil das Fett zersetzt wird.) Die Stärkekörner quellen, verkleistern teilweise und werden plastisch verformbar, d.h. sie sind dann geschmeidiger. Verkleistern bedeutet, daß die Stärkekörner unter Temperatureinwirkung zerplatzen. Bei Haferstärke liegt die Verkleisterungstemperatur bei 56 - 62° C. Verkleisterte Stärke ist wesentlich leichter verdaulich als rohe uns kann mehr Wasser aufnehmen.

Die vorbehandelten Körner kommen nun auf den sogenannten Flockenstuhl (19). Dort werden sie zwischen zwei glatten, gegeneinander laufenden Stahlwalzen hindurchgeführt und mit einem Druck von knapp 70 bar plattgedrückt. Auf einem Trockenband (20) werden die Haferflocken auf eine Endfeuchtigkeit von 12 % getrocknet. Schließlich werden sie entweder für Weiterverkäufer in Säcke oder für Endverbraucher in kleine Packungen abgepackt (21).

Für die Herstellung kleinblättriger Haferflocken werden die Körner vor dem Pressen zu Grütze geschnitten (16). Dies geschieht in einer schnell rotierenden, perforierten Trommel, deren Löcher genau so groß sind, daß ein Korn in Längsrichtung hindurchgeht. An der Außenseite sind Messer angebracht, die die Körner abschneiden, sobald sie etwas aus den Löchern ausgetreten sind. Die Grütze wird dann behandelt wie die ganzen Körner.

Bei den Kleinblattflocken wird im Dämpfer ein weitgehender thermischer Aufschluß erreicht, wodurch sich die Kochzeit verkürzt. Großblattflocken haben einen wesentlich höheren Anteil an Rohfasern. Aber auch kleinblättrige Haferflocken enthalten noch den vollen Anteil an Ballaststoffen sowie alle Bestandteile der Kornhülle bis auf winzige Teile, die beim Grützeschneiden verlorengehen. Es wird nichts entfernt oder aussortiert.

Allerdings kommt es bei der Verarbeitung der Haferkörner zu einem Vitaminverlust. Er tritt etwa zu gleichen Teilen beim Darren, Bürsten, Dämpfen und Ausrollen auf und liegt durchschnittlich bei insgesamt etwa 30 %. Am größten sind die Verluste bei Feinblattflocken. Durch moderne Technik kann dieser Vitaminverlust jedoch in Grenzen gehalten werden. Beim Darren kommt es darauf an, mit möglichst niedriger Temperatur zu arbeiten, und beim Dämpfen gibt es neue Techniken, die die Haferkörner für das Walzen sehr schonend vorbereiten.

Haferverarbeitung zuhause

Wer Hafer im Haushalt zu Flocken, Mehl oder Schrot verarbeiten will, sollte sich genau informieren, da nicht alle Mühlen für Hafer gleich gut geeignet sind. Am unproblematischsten sind Stahl- und Keramikmahlwerke. Vor dem ersten Mahlversuch in der Haushaltsmühle oder vor dem Kauf eines neuen Gerätes sollte man die Gebrauchsanweisung daher genau studieren. Ist das Gerät für Ölsaaten geeignet, läßt sich auch Hafer damit ohne weiteres mahlen.

Im Prinzip eignen sich jedoch alle Haushaltsmühlen zum Mahlen von Hafer. Allerdings muß man bedenken, daß Hafermehl nie so fein wird wie beispielsweise Weizenmehl. Aufgrund des hohen Fettgehalts des Hafers klumpt das Mehl schneller, und die Mühlsteine können verkleben. Bewährt hat sich die Methode, die Mühle zunächst auf grob einzustellen und dann immer feinere Einstellungen zu wählen, und zwar so lange, bis kein Mehl mehr herauskommt. Danach stellt man wieder auf grob und mahlt „zur Reinigung" etwas Weizen hinterher. Die Mühlsteine können auch mit einer Drahtbürste gereinigt werden.

Auch vor dem Kauf einer Haferflockenquetsche sollte man sich im klaren darüber sein, wie man das Gerät einsetzen möchte. Für die geringe Menge Müsliflocken zum Frühstück genügt eine Quetsche mit Handbetrieb.

Wer sich für ein elektrisches Modell entscheidet, sollte dies am besten vorher austesten, denn auch teure Geräte haben bei manchen Getreiden Schwierigkeiten beim Einziehen zwischen die Walzen. Eine gute elektrische Haferquetsche kann ohne weiteres etwa 200 g Hafer auf einmal bewältigen. Da Haushaltshaferpressen mit weniger Druck arbeiten als große Flockenstühle, muß man die Haferkörner nicht vorbereiten. Feine Flocken kann man selbst herstellen, indem man den Hafer vor dem Walzen grob schrotet.

Gesundes Korn

Daß Hafer ein gesundes Getreide ist, hat man schon immer gewußt. Seit jeher wird er als Krankennahrung eingesetzt, weil er leicht verdaulich ist, den Organismus nicht übermäßig belastet und den Körper dennoch mit wertvollen Aufbaustoffen versorgt. Neuerdings wird er zuweilen geradezu als Wundermittel gegen eine unserer verbreitetsten Zivilisationskrankheiten angepriesen, den Herzinfarkt. Infolge von Cholesterinablagerungen nämlich kann es zu einer Verengung der Herzkranzgefäße kommen, was eine akute Infarktgefährdung darstellt. Durch Hafer wird die Ausscheidung von Cholesterin über den Stuhlgang begünstigt.

Cholesterin ist ein wichtiger Baustein für die Wände unserer Körperzellen. Es wird außerdem zur Produktion von verschiedenen Hormonen und vor allem von Gallensäure benötigt, die für die Verdauung unentbehrlich ist. Zum größten Teil wird das Cholesterin von unserem Körper aus Fetten in der Leber aufgebaut. Da die Speisen, die wir zu uns nehmen, jedoch im allgemeinen zu fetthaltig sind, führen wir unserem Körper ein Übermaß des eigentlich wichtigen Cholesterins zu. Dieses lagert sich an den Innenwänden der Arterien ab und verengt sie; es entsteht die gefürchtete Arteriosklerose. Besonders gefährlich ist diese Verengung bei den Herzkranzarterien, die das Herz mit Blut versorgen, denn dadurch kommt es zu Blutmangel im Herzen - einem Auslöser für den Herzinfarkt.

Cholesterin läßt sich in 3 Gruppen aufteilen, die nach ihren Lipoproteinen eingeteilt werden. Dies sind wasserlösliche Eiweiße, mit denen sich das Cholesterin verbindet, so daß es im Blut gelöst und im Körper transportiert werden kann. Es gibt Lipoprotein-Cholesterin sehr geringer Dichte (very-low-density lipoprotein = VLDL), Lipoprotein-Cholesterin geringer Dichte (low-density lipoprotein = LDL) und Lipoprotein-Cholesterin hoher Dichte (high-density lipoprotein = HDL).

Die Leber stellt das LDL mit Hilfe des VLDL, einer

Vorstufe des LDL, her. Wichtig ist die Betrachtung der Funktionsweisen von LDL und HDL. Nach dem heutigen Stand der Wissenschaft sind diese wie folgt: LDL ist zuständig für den Transport des Cholesterins in die Körperzellen und für die Ablagerung in den Arterien. HDL dagegen transportiert das überflüssige Cholesterin zur Leber, wo es mit der Gallenflüssigkeit in den Stuhlgang gelangt und ausgeschieden wird. Ein hoher Anteil an HDL bildet also einen natürlichen Schutz gegen krankmachende Cholesterinablagerungen.

Mit einer gezielten Haferdiät läßt sich der Gesamtcholesterinwert im Blut erstaunlicherweise senken: Der Anteil von LDL verringert sich, während der des schützenden HDL konstant bleibt. Wie das genau funktioniert, ist noch nicht eindeutig erwiesen. Als gesichert gilt, daß Hafernahrung die Ausscheidung von Gallensäure, die in der Leber aus Cholesterin gebildet wird, erhöht und sie im Stuhlgang bindet. Durch die erhöhte Ausscheidung wird das überschüssige Cholesterin dem Blut und später auch allen Körperteilen entzogen. Diese Erklärung ist insofern plausibel, als auch cholesterinsenkende Mittel bewirken, daß Gallensäure im Darm gebunden wird und es zu einer vermehrten Ausscheidung kommt. Verantwortlich für den cholesterinbindenden Effekt des Hafers sind die löslichen Ballaststoffe aus den Randschichten des Korns.

Auch Diabetiker wissen den Hafer zu schätzen. Er

kann dazu beitragen, einen normalen Glukosespiegel im Blut aufrechtzuerhalten, indem er eine erhöhte Ausscheidung von Glukose mit dem Urin bewirkt. Manche Patienten, die kein Insulin injizieren müssen, können bei einer Haferdiät ihre Medikamente reduzieren. **Bei ernsthaften Erkrankungen sollte eine Unterstützung der Therapie durch Haferernährung allerdings grundsätzlich nur in Absprache mit der Ärztin oder dem Arzt erfolgen.**

Auch bei harmloseren, eher „gewöhnlichen" Unpäßlichkeiten entfaltet Hafer seine segensreiche Wirkung - der Haferschleim bei Magenverstimmungen ist allgemein bekannt. Die wohltuende Wirkung des Hafers beruht darauf, daß ein Schutzfilm über die gereizten Innenwände der Verdauungsorgane gelegt wird. Das Pufferungsvermögen des Hafers hilft vor allem bei übersäuertem Magen, d.h. durch den Hafer werden chemische Reaktionen in Gang gesetzt, die den Säuregehalt des Mageninhalts wieder auf einen normalen Wert einpendeln. Schließlich ist die Fähigkeit, Wasser im Darm zu binden, bei Verdauungsstörungen heilsam.

In älteren Ratgebern wird Hafer zur Ernährung von Zöliakiekranken empfohlen. Es hat sich jedoch herausgestellt, daß die Betroffenen auf Hafereiweiß ebenso mit Krankheitssymptomen reagieren wie auf Eiweiß von Weizen, Gerste oder Roggen. Daher ist eine Haferkost für Zöliakie- oder Spruekranke nicht geeignet.

Bei der Vorbeugung zivilisationsbedingter Krankheiten hilft in jedem Falle eine abwechslungsreiche Vollwertkost. Wie sich Hafergerichte ohne weiteres in den Vollwertspeiseplan einbauen lassen, ist im Rezeptteil dieses Buches zu lesen.

Haferprodukte im Handel

Am bekanntesten sind wohl grobe und feine Haferflocken. Alle Haferflocken, also auch konventionell hergestellte, bestehen aus dem vollen Korn. Vitaminverluste allerdings treten bei allen Haferflocken auf, also auch bei solchen aus kontrolliert biologischem Anbau, da die Flocken aus fertigungstechnischen Gründen erhitzt werden müssen.

In Naturkostläden und Reformhäusern gehören ganze Haferkörner zum Sortiment. Es gibt normalen Hafer, meist Saathafer, der entspelzt werden muß, und Nackthafer (Sprießkornhafer). Die natürlichen Nährstoffe sind im ganzen Haferkorn am vollständigsten enthalten. Hier treten nur geringe Vitaminverluste durch das unumgängliche Darren und Bürsten der Körner auf. Fürs Müsli aus rohen Flocken sollte man Hafer unbedingt frisch quetschen. Zum Kochen und Backen kann man auch gekaufte Flocken verwenden.

Vielerorts wird Haferkleie angeboten; sie besteht aus den Randschichten des Haferkorns. Haferkleie nimmt man zu sich, um einen möglichst hohen Anteil der gesundheitsfördernden Ballaststoffe aus den Randschichten des Korns aufzunehmen. Haferkleie, die nicht mehr das ausgewogene Nährstoffgleichgewicht des ganzen Haferkorns enthält, wird bevorzugt in bestimmten Diäten eingesetzt.

Unter sogenannten Schmelzflocken versteht man Haferbrei, der gekocht und später getrocknet wurde. Schmelzflocken sind vollständig denaturierte Lebensmittel. Haferkleie und Schmelzflocken sind für die Ernährung gesunder Erwachsener, Schul- und Kleinkinder überflüssig. Die meisten Naturkostläden führen diese Produkte daher auch nicht.

Vereinzelt wird Hafer auch in Form von Grütze angeboten, die man anstelle von grobem Schrot oder groben Flocken verwenden kann; sie muß allerdings etwas länger quellen. Da fertige Hafergrütze zur Fettstabilisierung immer wärmebehandelt werden muß, wird Grütze bei den Rezepten in diesem Buch nicht verwendet. Zudem ist Grütze im Prinzip überflüssig, da sich praktisch alle Gerichte entweder aus ganzen Körnern, aus groben bzw. feinen Flocken oder aus selbstgemachtem Schrot herstellen lassen.

Tips zum Umgang
mit den Rezepten

Als oberste Regel gilt: Wer Haferflocken oder Hafermehl selbst herstellt, sollte dies immer erst kurz vor dem Verzehr tun, um das Bitterwerden zu verhindern.

Zum Braten sollte man ein gutes, kaltgepreßtes Öl nehmen. Besonders geeignet sind Sonnenblumen- oder Distelöl, da diese Öle geschmacksneutral sind. Zum Fetten von Kuchenformen nimmt man am besten Butter, da sich das Gebäck so am leichtesten löst und die Formen sich am einfachsten reinigen lassen.

Die Mengenangaben zu den Gewürzen sind Richtlinien. Am besten fängt man mit einer kleinen Menge an. Wer will, kann immer nachwürzen. Zum Salzen verwendet man am besten Meersalz. Allzuviel ist jedoch ungesund. Erwachsene brauchen ca. 2 g Salz, d.h. einen halben Teelöffel, am Tag.

Die Rezepte enthalten entweder selbstgemachten Haferschrot, selbstgequetschte Haferflocken oder gekaufte Flocken, die man untereinander austauschen kann. Allerdings ist zu beachten, daß sich die nötige Wassermenge und die Kochzeit dann ändern.

Die längste Kochzeit hat Schrot, dann folgen die selbstgemachten Flocken. Gekaufte Flocken sind am schnellsten gar, weil die Stärke bei der Produktion von Haferflocken aufgeschlossen wird. Die Flocken sind praktisch schon „vorgegart" und nehmen auch viel mehr Wasser auf. Gekaufte Feinblattflocken saugen am meisten Wasser auf und sind im Handumdrehen gar. Wenn man mit ihnen eine Suppe bindet, muß man diese nur kurz aufwallen lassen. Variieren Sie die Rezepte ruhig. Ob Sie lieber eine feincremige Suppe haben wollen oder den Biß des groben Haferschrotes bevorzugen, ist letztlich Geschmackssache.

Bei vielen Haferrezepten aus anderen Quellen ist eine weitaus längere Kochzeit angegeben als in diesem Buch. Da langes Kochen immer zu Vitaminverlusten führt, habe ich versucht, die Zeiten möglichst kurz zu halten. Wem die Breie und Suppen beispielsweise nicht sämig genug werden, läßt sie einfach etwas länger kochen. Besonders bei Breien muß man dann allerdings meist etwas mehr Wasser verwenden. Werden Flocken und Körner über Nacht eingeweicht, verkürzt sich dadurch die Kochzeit. Hier sollte man immer das ganze Wasser mitverwenden, da sich darin wertvolle Bestandteile lösen. Wenn sie ganz mit Wasser bedeckt sind, werden auch selbstgemachte Flocken nicht bitter.

Nach meinen Erfahrungen eignen sich für viele Gebäcke gekaufte Feinblattflocken am besten. Sie ergeben eine besonders lockere Teigstruktur. Da man zu Teigen, die gehen müssen, den Hafer darren muß, damit er nicht bitter wird, fällt der Vitaminverlust bei der Flokkenherstellung nicht ins Gewicht.

Alle Rezepte sind, wenn nicht ausdrücklich anders angegeben, **für 4 Personen** berechnet.

Bevor wir uns nun ganz den Rezepten widmen, hier noch ein kleiner Hinweis zu dem „Erlebnis Hafer":

Mouthfeeling

Dieser Begriff stammt aus Amerika und wird z.B. bei Werbestrategen von Hamburgerketten groß geschrieben. Unter Mouthfeeling versteht man nicht nur den Geschmack einer Speise, sondern auch deren Konsistenz, ihren Gesamteindruck, das Gefühl, das sie hervorruft, wenn man sie im Mund hat. Diesen Begriff sollte man nicht den Fastfood-Spezialisten überlassen! Auch Hafer verursacht ein ganz eigenes Mouthfeeling. Vergleichen wir es doch einmal mit dem von herkömmlichem, denaturiertem Schokoladenpudding.

Was geschieht, wenn man einen Löffel davon in den Mund nimmt? Man spürt sofort den angenehmen, süßen, sahnigen Geschmack und ist begeistert. Man fühlt die weiche Konsistenz, stellt fest, daß man nicht viel zu kauen hat und verschluckt die Köstlichkeit. Um das angenehme Gefühl optimal zu verlängern, ist man bestrebt, möglichst schnell möglichst viel Pudding zu sich zu nehmen. Das führt zu unmäßig schnellem Essen viel zu großer Portionen, ohne daß ein natürliches Sättigungsgefühl eintritt - von dem nicht gerade übermäßigen Nährwert von Schokoladenpudding einmal ganz abgesehen.

Ganz anders ist das bei Haferflocken. Wenn man sie im Mund hat, empfindet man sie erst einmal als etwas sperrig und hart, ohne besonderen Geschmack. Wenn man sich jedoch darauf einläßt, sie sorgfältig zu kauen, entfalten sie nach und nach ihren ganz eigenen, mildnussigen Geschmack. Je länger man kaut, desto angenehm weicher wird auch die Konsistenz; Zunge und Gaumen werden regelrecht umschmeichelt. Es macht Spaß, Haferflocken bis zum letzten Krümel genüßlich zu zerkauen!

Für die Verdauung hat das sorgfältige Kauen erhebliche Vorteile. Die Nahrung wird dadurch leichter aufgeschlossen, weil sie im Mund mit den Enzymen des Speichels schon gut durchmischt ist. Außerdem stellt sich bei langem Kauen ein natürliches, der Nahrungsmenge entsprechendes Sättigungsgefühl ein. Weitere Pluspunkte sind die vielen wichtigen Nähr- und Vitalstoffe, die man mit dem Hafer aufnimmt.

In diesem Zusammenhang ist es eigentlich nicht verwunderlich, daß zusammen mit der heute verbreiteten, denaturierten Industrienahrung auch der Kaugummi erfunden wurde...

Müslis

Hafer ist das klassische Müsligetreide. Schon lange bevor das Müsliessen „modern" wurde, war Haferflokkenmüsli allseits beliebt - man nannte es nur nicht so. Als Frühstück schafft es eine solide Grundlage für den Start in den Tag und versorgt den Körper mit viel Energie. Man kann es mit Milch, Sauermilchprodukten und Früchten zubereiten. Gelegentliche salzige Varianten sorgen für Abwechslung.

Müslis werden nicht gekocht, und es lohnt sich daher, die Haferflocken immer frisch zuzubereiten. Auf diese Weise bleiben die im Korn vorhandenen Vitamine und Vitalstoffe am vollständigsten erhalten. Da gequetschte Haferkörner an der Luft sofort bitter werden, sollte man immer nur die gerade benötigte Menge zubereiten. Weicht man selbstgemachte Haferflocken ein, müssen diese aus dem gleichen Grund immer mit Wasser bedeckt sein, es sei denn, man röstet sie vorher.

Klassisches Milchmüsli

Pro Person: *40 g Hafer / 50 ml Milch / 1 TL Honig*

Den Hafer durch die Quetsche geben, die Flocken mit Milch und Honig verrühren, nach Geschmack etwas weichen lassen.

Joghurt-Frucht

Pro Person: *20 g Hafer / 4 EL Joghurt /*
50 g Obst der Saison / bei Bedarf etwas Honig

Den Hafer durch die Quetsche geben. In Portions-schälchen den Boden mit den Flocken bedecken. Darauf den Joghurt anrichten und mit den Früchten garnieren.

Granola Mix

50 g Hafer / 50 g Mandeln / 50 g Haselnüsse /
50 g Sonnenblumenkerne / 50 g Sesam /
50 g Sojakerne / 3 EL Walnußöl / 3 EL Ahornsirup

Den Hafer durch die Presse geben. Mandeln und Haselnüsse hacken. Alle Zutaten in einer großen Schüssel gut vermischen. Etwa fingerdick auf einem Backblech ausbreiten. Bei 200° C 20 Minuten backen. Ab und zu wenden. Auskühlen lassen und in ein Deckel- oder Schraubglas geben. Die Mischung läßt sich gut aufbewahren.

Man kann dieses Granola-Müsli ganz individuell mischen, z.B. mit Trockenfrüchten oder mit frischen Haferflocken und Milch.

Granola Buchweizen

150 g Buchweizen, ganz / 150 g Hafer /
3 EL Walnußöl / 3 EL Ahornsirup

Den Hafer durch die Presse geben. Alle Zutaten gut vermischen und, wie im vorhergehenden Rezept beschrieben (S. 41), backen.

Das typische Aroma des gerösteten Buchweizens gibt dieser Mischung ihre ganz spezielle Note.

Rohkostmüsli

Für 2 Personen: *1/2 Apfel / 1 TL Zitronensaft /*
50 g Möhren / 25 g Sellerie / 50 g Haferflocken /
1 EL süße Sahne / 1 TL Ahornsirup

Den Apfel entkernen, eventuell schälen, fein reiben und mit Zitronensaft beträufeln. Möhren und Sellerie ebenfalls fein reiben und mit allen übrigen Zutaten vermischen.

Herzhaft mit Buttermilch

*Pro Person: 40 g Hafer / 50 ml Buttermilch /
Pfeffer und Kräutersalz nach Geschmack*

Den Hafer durch die Presse geben. Die Flocken mit
der Buttermilch übergießen und mit Meersalz und Pfeffer bestreuen.

Birchermüsli

*Pro Person: 40 g fertige feine Haferflocken /
50 - 60 ml Wasser / 4 EL Nüsse nach Wahl /
50 g frisches Obst der Saison /
1 EL süße Sahne / 1 TL Ahornsirup*

Die Haferflocken zwei Stunden in Wasser einweichen. Die Nüsse nach Geschmack hacken, mahlen oder
ganz lassen. Das Obst waschen und kleinschneiden.
Alle Zutaten gut vermischen.

Selbstgemachte Flocken müssen beim Einweichen
immer mit Wasser bedeckt sein (d.h. es muß mehr
Wasser verwendet werden als angegeben), oder sie
müssen vorher gedarrt werden.

Pfannkuchen

Apfelpfannkuchen

250 g Hafer / 500 ml Milch / 2 Eier /
2 EL Malzextrakt / 1 MSP Meersalz / 3 Äpfel /
Fett zum Braten

Den Hafer ohne Fett rösten, bis er würzig riecht, und dann fein mahlen. Mit Milch, Eiern, Malzextrakt und Meersalz zu einem dünnflüssigen Teig verrühren. 30 Minuten quellen lassen.

Die Äpfel ausschneiden, würfeln und mit dem Teig mischen. In einer großen Pfanne Fett erhitzen und kleine Pfannkuchen von beiden Seiten knusprig bakken.

● **Tip:** Nicht zu große Pfannkuchen machen und diese nicht zu früh wenden, sonst zerbrechen sie leicht.

Reibekuchen

700 g Kartoffeln / 200 g Hafer / 1 TL Meersalz /
1 Prise Pfeffer / Fett zum Braten

Die Kartoffeln eventuell schälen und fein reiben. Den Hafer mittelgrob schroten. Alle Zutaten gut miteinander verkneten. Die Flüssigkeit, die beim Reiben aus den Kartoffeln austritt, nicht weggießen. Sie wird durch den Hafer gebunden, und es entsteht ein fester, aber klebriger Teig. Man gibt ihn löffelweise in heißes Fett und drückt die Plätzchen etwas flach. Von beiden Seiten goldgelb braten.

Zu den Reibekuchen schmeckt Ahornsirup oder Malzextrakt. Man kann aber auch Apfelmus dazu servieren.

Schnittlauchblinis

180 g Buchweizen / 180 g Hafer / 1 Bund Schnittlauch /
2 Eier / 430 ml Milch / 1 Prise Meersalz /
Fett zum Braten

Buchweizen und Hafer ohne Fett in der Pfanne rösten und zusammen fein mahlen. Den Schnittlauch hacken. Alle Zutaten miteinander vermischen und 10 Minuten quellen lassen. In einer Pfanne etwas Fett erhitzen und den Teig löffelweise hineingeben. Die Pfannkuchen von beiden Seiten knusprig backen. Heiß servieren.
Die Blinis bei Tisch mit Joghurt bestreichen und mit Pfeffer und Meersalz bestreuen.

Diese Buchweizenpfannkuchen kommen aus Rußland. Buchweizen ist ein sehr gesundes Getreide, das viele Mineralien und Spurenelemente enthält. Während reine Buchweizenblinis einen etwas strengen Geschmack haben, wird dieser bei diesem Rezept durch den Hafer ausgeglichen.

Zarte Flockenkuchen

4 Eier / 300 g fertige feine Haferflocken /
400 ml Milch / 4 EL Ahornsirup /
1 MSP Meersalz / Fett zum Braten

Die Eier teilen. Die Dotter mit den Haferflocken, der Milch, dem Ahornsirup und dem Meersalz verrühren und 1/2 Stunde quellen lassen. Die Eiweiße zu Schnee schlagen und vorsichtig unterheben. In einer Pfanne Fett erhitzen und den Teig löffelweise hineingeben. Von beiden Seiten knusprig braun braten. Erst wenden, wenn die Pfannkuchen auf einer Seite fest zusammengebacken sind.

Dazu schmecken alle Sorten von Obst oder Kompott.

Würzige Varianten

Läßt man bei nebenstehendem Rezept den Ahornsirup weg und gibt statt dessen andere Gewürze hinzu, stellen diese Pfannkuchen eine köstliche Beilage zu Gemüse dar.

Dazu einige Würztips:
- 1 Bund gehackte Petersilie
- 1 EL milder Senf, 4 kleine gehackte Essiggurken
- 1 TL getrocknetes Basilikum (oder 2 Stengel frisches, gehacktes), 1 TL Ahornsirup
- 2 TL Chilipulver

(Vorsicht: Chilipulver enthält schon Salz! Chilipulver ist eine traditionelle Gewürzmischung. Sie stammt aus Texas, wo sie von englischen Siedlern erfunden wurde, denn die landesüblichen Chilischoten waren ihnen zu scharf. Sie mischten sie mit Oregano oder Basilikum, Knoblauch, Paprika und Kreuzkümmel. So entstand ein mildaromatisches neues Gewürz. Die Mischungen enthalten meist auch Meersalz.)

Suppen

Grundrezept: Vorsuppe

100 g Hafer / etwas Bratfett / 1 l Wasser /
1 Prise Meersalz

Den Hafer grob schroten. In Fett anrösten und mit
Wasser ablöschen. Aufkochen und 10 Minuten köcheln
lassen. Mit einer Prise Salz würzen. Die Kochzeit
richtet sich danach, ob man die Suppe lieber sahnig-
sämig hat, oder ob der Schrot noch „al dente" sein soll.
  Man kann diese Suppe auch mit Haferflocken kochen. Sie quellen schneller auf und haben daher eine
kürzere Kochzeit. Selbstgemachte Flocken und gekaufte grobe Flocken sollte man mindestens 5 Minuten
(eher sogar noch etwas länger) kochen lassen. Fertige
feine Flocken müssen nur einmal kurz aufwallen.

Dieses Grundrezept kann man auf vielfältige Weise
abwandeln:

Hafersuppe fernöstlich

2 - 3 Streifen Kombu-Seetang waschen, in Streifen schneiden und in sehr heißem Fett 4 Minuten rösten. Nach dem Grundrezept (S. 51) fortfahren.

Kräutersuppe

1 Bund frische Küchenkräuter (z.B. Petersilie, Schnittlauch, Zitronenmelisse, Sauerampfer) fein hakken und auf die nach dem Grundrezept (S. 51) zubereitete Suppe streuen.

Tofusuppe

Mit einer Tofueinlage ergibt die Hafersuppe ein schnelles, sättigendes Hauptgericht. Dazu 300 g Tofu etwa 30 Minuten in eine Mischung aus Zitronensaft und Sojasauce (zu gleichen Teilen) legen. Würfeln und in der nach dem Grundrezept (S. 51) zubereiteten, fertigen Suppe erwärmen.

Croutons als Einlage

Eine schöne Abwechslung bilden Croutons als Suppeneinlage. Man stellt sie aus altem Brot her, indem man es einfach in kleine Würfel schneidet und diese ganz trocken werden läßt. Croutons halten sich über mehrere Wochen.

Vorsicht: Croutons zählen zur Lieblingsspeise der Mehlmottenlarven. Vorräte regelmäßig kontrollieren!

Als Suppeneinlage pro Person 2 EL Croutons in Fett goldbraun rösten. Wenn man 1 Knoblauchzehe preßt und mitröstet, werden sie besonders herzhaft.

Suppe mit Brandteigklößchen

150 ml Milch / 1 TL Butter / 100 g Hafer / 2 Eier /
1 Prise Pfeffer / 1 Prise Meersalz /
1 l Gemüsebrühe / 1 Bund Petersilie

Milch und Butter in einem Topf erhitzen. Den Hafer fein mahlen und in die Flüssigkeit einrühren. Aufkochen, so daß ein dicker Brei entsteht. Unter ständigem Rühren weiterkochen, bis sich (nach ca. 5 - 10 Minuten) am Boden des Topfes eine helle Schicht absetzt. Den Topf vom Herd nehmen und 2 Eier einrühren. Mit Pfeffer und Meersalz würzen. Brühe aufkochen lassen, den Teig löffelweise hineingeben, aufwallen und 5 Minuten ziehen lassen. Gehackte Petersilie zugeben.

● **Tip:** Die Eier lassen sich am besten mit einem Kochlöffel einrühren. Auch wenn es am Anfang aussichtslos erscheint: Es entsteht ein halbfester, glatter Teig, der zäh vom Löffel fällt und dabei abreißt.
Brandteigklößchen eignen sich auch als Einlage für andere Suppen, z.B. für eine sättigende Gemüsesuppe. Zudem kann man sie auch als Beilage zu Gemüse reichen: dazu die dreifache der oben angegebenen Menge nehmen und die Klößchen in Salzwasser kochen. Mit dem Schaumlöffel herausnehmen.

Tomatensuppe

350 g Tomaten / 600 ml Wasser / 100 g Hafer /
1 Scheibe Brot pro Person / 150 g Gouda /
1 Prise Meersalz

Die Tomaten mit kochendem Wasser überbrühen und die Haut abziehen. Alle grünen Teile wegschneiden und die Tomaten würfeln. Die Tomatenwürfel ins Wasser geben und 5 Minuten kochen. Den Hafer durch die Quetsche geben und in die Suppe einrühren. Stark aufkochen und 10 Minuten köcheln lassen. Falls die Suppe sehr cremig sein soll, mit dem Mixstab pürieren. Die Brotscheiben toasten. Den Käse reiben. Die fertige Suppe salzen und in feuerfeste Tassen füllen. Auf jede Portion eine Scheibe Brot legen, mit Käse bestreuen und bei 200° C im Ofen überbacken.

Deftig und knusprig aus Pfanne und Ofen

Blauschimmelbratlinge

300 g Hafer / 360 ml Wasser /
100 g Blauschimmelkäse / Fett zum Braten

Den Hafer grob schroten, das Wasser in einem Topf aufkochen und den Schrot einrühren. Einmal aufwallen lassen und dann ca. 10 Minuten ohne Hitze quellen lassen. Den Käse in kleine Würfel schneiden und unter die Masse geben. Bratlinge formen und in reichlich Fett von beiden Seiten ca. 5 Minuten knusprig braten. Nicht zu früh wenden, da sie sonst zerbrechen.

Die Blauschimmelbratlinge passen zu Gemüse mit Sauce (Saucenvorschläge Seite 83).

Bifteki

Diese griechische Spezialität - nach dem Original-rezept wird Hackfleisch verwendet - kann man auch mit vegetarischen Zutaten zubereiten.

100 g Grünkern / 200 ml Wasser / 1 Knoblauchzehe /
100 g feine Haferflocken / 1 Ei / 2 TL Salbei /
1 TL Rosenpaprika / 1 Prise Pfeffer /
1 Prise Meersalz
200 g Feta am Stück (griechischer Schafskäse) /
Fett zum Braten

Den Grünkern fein schroten. Das Wasser aufkochen, den Schrot einrühren und 10 Minuten quellen lassen. Abkühlen lassen. Den Knoblauch schälen und durch die Presse geben. Haferflocken, Ei und Gewürze zu der Grünkernmasse geben und alles gut durchkneten. Den Käse in 4 gleich große Teile teilen und mit der Getrei-demasse ummanteln. Die entstehenden Klopse in Fett von beiden Seiten schön knusprig braten. Es empfiehlt sich, eine Deckelpfanne oder einen Bratentopf zu ver-wenden und den Deckel zum Schluß ca. 5 Minuten zu schließen, damit auch der Käse im Inneren durch und durch warm wird. Dabei die Hitze etwas drosseln.

Mit Bratkartoffeln und grünem Salat servieren.

Besonders lecker schmeckt zu den Bifteki eine pikante Kräuterbutter, die folgendermaßen hergestellt wird:

Kräuterbutter

1 Knoblauchzehe / 75 g Butter /
1 TL getrocknetes Basilikum / 1/2 TL Honig /
1 Prise Meersalz

Den Knoblauch durch die Presse geben und alle Zutaten gut mischen. Mindestens 1 Tag im Kühlschrank ruhen lassen. Die Bifteki bei Tisch damit bestreichen.

Sellerieschnitten

800 g Sellerie (möglichst große Knollen) /
Kochwasser / 300 g Hafer / 2 Zwiebeln /
Fett zum Anbraten / 2 Eier / 1 TL Malzextrakt /
2 TL getrocknetes Basilikum /
1/2 TL Meersalz / Fett zum Braten

Sellerieknollen waschen, schälen und in ca. 2 cm dicke Scheiben schneiden. (Je dicker die Knollen, desto schöner die Scheiben!) Die Selleriescheiben in einem Topf mit einem Fingerbreit Wasser aufsetzen, stark ankochen und 20 Minuten bei kleinster Flamme garen.

Den Hafer grob schroten und die Zwiebeln in Würfel schneiden. In einer Pfanne etwas Fett erhitzen und die Zwiebeln darin goldbraun braten. Den Haferschrot zugeben und kurz rösten. Abkühlen lassen, und das Ganze mit dem Ei und den Gewürzen mischen.

Die garen Selleriescheiben abtropfen lassen und auf einer Platte nebeneinanderlegen. Auf jede Scheibe eine Schicht Hafermasse geben. Die Scheiben mit der Sellerieseite nach unten in eine Pfanne mit sehr heißem Fett setzen und knusprig backen. Nach ca. 5 Minuten auch von der anderen Seite backen.

Zusammen mit einer milden Sauce und Kartoffeln servieren (Saucenvorschläge Seite 83).

Schwalbennester

Dies ist ein altes Rezept, bei dem eigentlich Hackfleisch verwendet wird. Man kann Schwalbennester aber auch sehr gut aus Hafer zubereiten.

4 Eier / 150 g Hafer / 180 ml Wasser /
2 kleine Zwiebeln / 1/2 TL Meersalz / 1/4 TL Muskat /
1 TL Curry / 2 TL Kräuter der Provence /
Fett zum Braten

Die Eier hart kochen und schälen. Den Hafer grob schroten. Das Wasser aufkochen und den Haferschrot einrühren. Einmal aufwallen und dann 10 Minuten ohne Hitze quellen lassen. Die Zwiebeln würfeln und in Fett rösten. Zusammen mit den Gewürzen unter den fertigen Haferbrei mischen. Die Hafermasse um die Eier herum als Kloß formen. In heißem Fett von allen Seiten kräftig anbraten.

(Saucenvorschläge Seite 83)

Käsewaffeln

*4 Eier / 200 g Butter / 400 g Hafer / 400 ml Milch /
100 g Gouda / 1/2 TL Meersalz / 1 Prise Muskat*

Eier und Butter gut aufschlagen. Den Hafer mittelgrob schroten und mit der Milch zusammen untermischen. Den Gouda fein raspeln und ebenfalls einarbeiten. Mit Meersalz und Muskat abschmecken.

Den Teig etwa 1/2 Stunde quellen lassen. In einem
gut vorgeheizten Waffeleisen etwa 12 Waffeln backen.
Das Eisen muß nicht eingefettet werden. Die Waffeln
warm servieren.

Besonders gut schmecken die Käsewaffeln mit Grüner Soße.

Grüne Sauce

2 Eier / 1 großer Bund Salatkräuter
(etwa: Schnittlauch, Petersilie, Sauerampfer,
Pimpernell) / 150 g Dickmilch / 150 g Quark /
2 TL Senf / 1/2 TL Meersalz /
1/2 TL Honig / 1 TL Curry

Die Eier hart kochen. Kräuter und Eier hacken und mit allen übrigen Zutaten mischen.

Grünkernkuchen

Boden: *200 g Grünkern / 250 ml Wasser / 100 g Butter / 100 g Haferflocken / 3 Eier / Fett für die Form*

Belag: *500 g Tomaten / 350 g grüne Paprika / 1/2 Tasse Wasser / 2 EL Weizenvollkornmehl / 1 Prise Meersalz / 1 EL gerebbelter Majoran / 200 g Mozarella*

Grünkern mittelgrob schroten und mit Wasser aufkochen. 10 Minuten quellen lassen und mit den übrigen Zutaten für den Boden verrühren. Die Form fetten, den Teig einfüllen und 20 Minuten bei 200° C vorbacken.

Die Tomaten mit kochendem Wasser überbrühen, die Haut abziehen. Paprika waschen und kleinschneiden. In einem Topf auf die Tomaten schichten und mit der halben Tasse Wasser stark ankochen. Wenn eine Dampffahne am Deckelrand erscheint, 15 Minuten auf kleinster Flamme köcheln. Das Weizenmehl darüberstäuben und unter Rühren aufkochen. Mit Meersalz und Kräutern würzen. Käse in Scheiben schneiden. Gemüse auf dem Teigboden verteilen, mit dem Käse belegen und 10 Minuten garbacken.

Die Mengen reichen für eine kleine Springform.

Kartoffelplätzchen Chili

140 g Hafer / 400 ml Wasser / 600 g Kartoffeln /
Kochwasser / 1 Bund Schnittlauch /
2 Knoblauchzehen / 2 TL Chilipulver / Fett zum Braten

Den Hafer abbrausen und mit dem Wasser 1/2 Stunde bei kleiner Hitze kochen. Die Kartoffeln bürsten, mit einem Fingerbreit Wasser im Topf stark ankochen, bis eine Dampffahne entweicht, zurückschalten und auf kleinster Hitze 1/2 Stunde kochen. Den Schnittlauch hacken und den Knoblauch durch die Presse geben. Die Kartoffeln schälen und stampfen oder durch eine Presse geben. Alle Zutaten gut miteinander vermengen. In einer Pfanne Fett erhitzen und mit 2 Eßlöffeln Plätzchen formen. Diese von beiden Seiten knusprig braten. Die Plätzchen erst umdrehen, wenn sich nach ca. 5 Minuten eine feste Kruste an der Unterseite gebildet hat.

Die Kartoffelplätzchen passen zu allen Gemüsesorten mit Sauce (Saucenvorschläge S. 83).

Einfache Kartoffelplätzchen

800 g Kartoffeln / Kochwasser / 60 g Hafer /
3 EL süße Sahne / etwas Meersalz / Fett zum Baten

Die Kartoffeln abbürsten, 30 Minuten in Wasser garkochen und schälen. Durch eine Presse geben oder
stampfen. Den Hafer fein mahlen. Alle Zutaten vermischen. In einer Pfanne Fett erhitzen, mit 2 Eßlöffeln
kleine Plätzchen formen und von beiden Seiten goldbraun braten.

Diese Plätzchen passen zu jedem Gemüse. Auch
Kartoffelreste lassen sich gut verarbeiten.

Haferplätzchen

450 g Hafer / 540 ml Wasser / 1 Bund Petersilie /
1 Prise Meersalz / Fett zum Braten

Den Hafer schroten. Das Wasser aufkochen und den Schrot einrühren. 10 Minuten quellen lassen. Die Petersilie hacken und untermischen. Das Ganze salzen. Fett erhitzen, mit 2 Eßlöffeln kleine Plätzchen formen und diese von beiden Seiten goldbraun braten.

Die Haferplätzchen sind eine Universalbeilage zu allen Gemüsesorten (Saucenvorschläge auf S. 83).

Pizza Haferkern

Teig: 200 g Weizen / 200 g Hafer / 1 Würfel Hefe /
200 ml Milch / 100 g Butter / 1 TL Meersalz /
Fett für das Blech

Belag: 140 g Hafer / 400 ml Wasser / 4 Tomaten /
350 g Schweizer Käse / 4 TL Chilipulver /
ca. 10 Oliven

Den Hafer für den Teig vor dem Mahlen ca. 10 Minuten bei 200° C im Backofen darren. Getreide mahlen und mit allen anderen Zutaten gut verkneten. Schüssel mit einem Tuch bedecken und an einem warmen Ort 30 Minuten gehen lassen.

Den Hafer für den Belag mit Wasser 30 Minuten sanft kochen. Tomaten waschen und in Scheiben schneiden. Alle grünen Teile entfernen. Den Käse reiben. Den garen Hafer mit dem Chilipulver vermischen. Ein Blech fetten, den Teig darauf dünn ausrollen und nacheinander mit Haferkörnern, Käse, Tomaten und Oliven beschichten.

Bei 200° C 30 Minuten backen.

Sellerie im Käsemantel

600 g Sellerie / 50 g Hafer / 100 g Greyerzer Käse /
2 Eier / Fett zum Braten

Sellerie waschen, schälen und in daumendicke Scheiben schneiden. Mit einem Fingerbreit Wasser im Topf stark ankochen, bis eine Dampffahne entweicht, und bei kleinster Hitze 20 Minuten garen. Den Hafer fein mahlen und den Käse fein raspeln. Beides gut vermischen. Die Eier aufschlagen und verrühren. Die garen Selleriescheiben zuerst in Ei und dann in dem Hafer-Käsegemisch wenden. In heißem Fett von beiden Seiten goldbraun braten.

Die Selleriescheiben passen zu Reis, Kartoffeln und Nudeln. (Saucenvorschläge auf S. 83)

Körniges aus einem Topf

Kohlrabieintopf, überbacken

*1 kg Kohlrabi / 350 g Hafer / 1 l Wasser /
300 g Gouda / 2 Eier / 1 Prise Pfeffer /
1 Prise Meersalz / 2 TL Majoran /
Fett zum Einfetten der Form*

Die Kohlrabi waschen, schälen und kleinschneiden. Den Hafer abbrausen und mit dem leicht gesalzenen Wasser in einen Topf geben. Die Kohlrabi darauf schichten und 30 Minuten bei schwacher Hitze garen. Der Hafer saugt das Wasser komplett auf. Den Gouda raspeln, mit den Eiern mischen und pfeffern. Kohlrabi und Hafer mit Meersalz und Majoran würzen, in eine feuerfeste, gefettete Form geben, mit dem Käse abdecken und im Backofen kurz überbacken, bis der Käse zerläuft.

Pilzpfanne mit Avocado

400 g Hafer / 1,1 l Wasser / 8 EL Sonnenblumenkerne /
1 dicke Zwiebel / 400 g Austernpilze / Fett zum Braten /
2 Avocados / Saft einer halben Zitrone /
2 EL süße Sahne / 1 Prise Meersalz /
1 Prise Pfeffer / 4 EL Sojasauce

Den Hafer abbrausen und in Wasser ankochen, bis eine Dampffahne erscheint. Dann 1/2 Stunde bei kleinster Flamme garen. Die Sonnenblumenkerne etwa 4 Minuten in heißem Fett rösten, herausnehmen und zur Seite stellen. Zwiebel und Austernpilze kleinschneiden. Zuerst die Zwiebeln 5 Minuten anbraten, dann die Pilze dazugeben. Unter ständigem Rühren ca. 10 Minuten bei starker Hitze braten, bis alles Wasser, das austritt, verdampft ist. Den garen Hafer dazugeben.

Die Avocados schälen und vom Kern lösen. Sofort den Zitronensaft darüberträufeln (er verhindert - ähnlich wie bei Äpfeln - das Braunwerden). Mit einer Gabel oder einem Mixstab pürieren, die Sahne dazugeben und mit Meersalz, Pfeffer und Sojasauce würzen. Hafer und Pilze auf einer Schüssel anrichten und mit der Avocadocreme bestreichen.

● **Tip:** Achten Sie beim Kauf von Avocados darauf, daß die Früchte auf Druck nachgeben; dann sind sie richtig reif. Avocados, die adrett und knackig im Regal liegen, sind meist noch unreif und hart. Man kann sie dann ein paar Tage auf der Fensterbank nachreifen lassen, bis sie endlich ihr unvergleichliches Aroma entfalten und weich werden.

Wirsingeintopf

400 g Hafer / 1,1 l Wasser / 1/2 TL Meersalz /
600 g Wirsing / 2 Zwiebeln / Fett zum Braten /
1 Prise Pfeffer / 1 Prise Muskat

Hafer abbrausen und mit Wasser und Meersalz in einen Topf geben. Den Wirsing waschen und klein-schneiden. Auf den Hafer legen und alles zusammen 30 Minuten auf kleiner Flamme garen. Die Zwiebeln in Ringe oder Würfel schneiden und anbraten. Zusammen mit Pfeffer und Muskat unter das gare Gericht mischen.

Linsenhafer

150 g Hafer / 150 g Linsen / 500 g Broccoli /
700 ml Wasser / 1/2 TL Meersalz / 400 g Gouda /
500 g Tomaten / Fett zum Einfetten der Form

Hafer und Linsen abbrausen. Den Broccoli waschen und kleinschneiden. Zuerst Hafer und Linsen in einen Topf geben, darauf den Broccoli schichten. Salzwasser zugießen, stark ankochen, bis eine Dampffahne austritt, und und das Ganze bei kleiner Hitze 30 Minuten dämpfen. Alles in eine gefettete Auflaufform umfüllen, Käse und Tomaten in Scheiben schneiden, darauflegen und den Auflauf 10 Minuten überbacken.

Linsen und Hafer können, wenn sie zusammen gekocht werden, auch gut als Beilage zu Gemüsegerichten gereicht werden.

Sellerieeintopf

300 g Knollensellerie / 500 g Kohlrabi / 400 g Hafer /
1,1 l Wasser / 1 Prise Meersalz / 4 EL Sojasauce /
4 Eier / 4 EL Milch / 1/2 TL Muskat /
1 Prise Meersalz / Fett zum Einfetten der Form

Knollensellerie und Kohlrabi waschen, schälen und kleinschneiden. Den Hafer abbrausen und zuunterst in einen Topf geben. Darauf das Gemüse schichten und das Wasser dazugeben. Leicht salzen. Stark ankochen und auf kleinster Flamme 40 Minuten garen. Mit Sojasauce abschmecken. Die Eier mit Milch, Muskat und Meersalz verquirlen. Das Gemüse in eine gefettete Auflaufform füllen und mit der Eiersoße begießen. 5 - 10 Minuten im Backofen bei 200° C überbacken, bis die Eimasse gestockt ist.

● **Tip:** Wenn Sie einen Topf ohne Kunststoffteile verwenden, können Sie das Gericht darin - natürlich ohne Deckel - in den Backofen stellen.

Grünkernhafer

150 g Hafer / 150 g Grünkern /
700 ml Wasser / 1 Prise Meersalz

Das Getreide abbrausen und mit dem Wasser 30 Minuten kochen.

Dies ist eine wunderbare Beilage zu allen deftigen Gemüsegerichten. Der kräftige Geschmack des Grünkerns ergänzt sich hervorragend mit dem zarten Haferaroma. Da beide Getreide die gleichen Kochzeiten haben, kann man sie gut zusammen kochen.

Broccolipfanne

400 g Hafer / 1,1 l Wasser / 700 g Broccoli /
1 dicke Zwiebel / Fett zum Braten / 1 Prise Meersalz /
1 EL Sojasauce / 200 g Oliven

Den Hafer abbrausen und mit dem Wasser aufsetzen. Wenn am Rand des Topfes eine Dampffahne erscheint, die Temperatur drosseln und den Hafer in 30 Minuten garkochen. Den Broccoli waschen und kleinschneiden. Die Zwiebel in Ringe schneiden. In einer großen Pfanne Fett erhitzen und die Zwiebelringe 5 Minuten anbraten. Unter stetigem Rühren nach und nach den Broccoli dazugeben und ca. 20 Minuten garen. Den fertigen Hafer dazugeben, würzen und mit den Oliven mischen.

Nudeln mit Sauce

Aus Hafer lassen sich verschiedene sehr schmackhafte Nudeln herstellen. Da er keinen Kleber enthält, ist das Ei unverzichtbar. Es ist auch ratsam, dem Mehl etwas Weizen oder besser noch Dinkel zuzusetzen. Dinkel zeichnet sich durch seinen besonders hohen Klebergehalt aus.

Zusammen mit einer interessanten Sauce und einem Salat kann man z.B. mit Spätzle sehr schnell ein gutes Hauptgericht auf den Tisch bringen. Nudeln eignen sich aber auch als Beilage zu vielen Gemüsegerichten.

Auch die Saucen lassen sich natürlich mit anderen Gerichten kombinieren. Sie werden, mit Hafer gebunden, besonders sämig und mild. Mit entsprechenden Gewürzen kann man sie auch pikant abschmecken.

Im folgenden drei verschiedene Nudelrezepte unterschiedlicher Herkunft: aus Schwaben, aus der Schweiz und aus Italien.

Spätzle

300 g Hafer / 100 g Weizen oder Dinkel /
250 ml Wasser / 2 Eier /
1 Prise Meersalz / 1 Prise Muskat /
mindestens 2 l Kochwasser mit etwas Meersalz /
etwas Öl

Den Hafer bei 200° C 10 Minuten darren. Hafer und Weizen bzw. Dinkel fein mahlen und mit dem Wasser, den Eiern und den Gewürzen gut vermischen. 20 Minuten quellen lassen. In einem möglichst großen Topf Kochwasser erhitzen und leicht salzen. Wenn es sprudelnd kocht, den Teig durch eine Spätzlepresse hineingeben. Vor jeder neuen Portion warten, bis das Wasser wieder stark kocht. Wenn nach ca. 5 Minuten alle Spätzle oben schwimmen, sind sie gar und können abgeschüttet werden. Solange sie noch heiß sind, mit etwas Öl beträufeln und durchmischen. Das verhindert das Zusammenkleben.

Krawätti

*400 g Hafer / 3 - 4 EL Wasser / 4 Eier / 8 EL Olivenöl /
leicht gesalzenes Kochwasser*

Den Hafer in einer schweren Pfanne ohne Fett rösten
und fein mahlen. Mit dem Wasser und den Eiern verkneten und das Olivenöl einarbeiten. Mindestens
10 Minuten kneten, damit der Teig geschmeidig wird.
30 Minuten in einer luftdicht verschlossenen Dose oder
in einem feuchten Tuch im Kühlschrank ruhen lassen.
Den Teig auf einem bemehlten Brett so dünn wie möglich auswellen. Mit einem Kuchenrädchen kleine
Vierecke ausrädeln und in der Mitte zusammendrük-
ken, so daß sie wie kleine Schleifen (Krawätti) aussehen. In einem großen Topf leicht gesalzenes Wasser
zum Sprudeln bringen. Die Krawätti hineingeben und 5
- 10 Minuten bei offenem Deckel kochen lassen, bis sie
alle oben schwimmen.

Gnocchi

400 g Kartoffeln / 200 g Hafer / 2 Eier /
4 EL süße Sahne / 1 Prise Meersalz / 1 Prise Muskat /
mindestens 2 l leicht gesalzenes Kochwasser

Die Kartoffeln waschen, mit einem Fingerbreit Wasser im Topf aufsetzen, stark ankochen und 20 Minuten mit geschlossenem Deckel auf kleinster Flamme garen. Den Hafer fein mahlen. Die garen Kartoffeln schälen und heiß durch eine Presse geben oder stampfen. (Nicht mit dem Mixstab zerkleinern, das ergibt eine kaugummiartige Masse.)

Mit den anderen Zutaten vermischen und abschmekken. Der rohe Teig darf ruhig etwas salzig schmecken, da sich das Salzige durch das Kochen verliert. Die Masse muß fest sein und gut zusammenhalten. Das Wasser zum Kochen bringen. Aus dem Teig mit 2 Teelöffeln kleine Klößchen formen und diese ins sprudelnd kochende Wasser geben. Nach etwa 5 Minuten schwimmen die Gnocchi nach oben; dann sind sie gar. Wenn die Gnocchi im Kochwasser zerfallen, fehlt dem Teig noch etwas Hafer.

Gnocchi eignen sich sehr gut als Beilage zu allen herzhaften Gerichten. Man kann sie aber auch in einer Auflaufform mit Käse überbacken.

Helle Sauce (Grundrezept)

60 g Hafer / Fett zum Anschwitzen / 500 ml Wasser /
Gewürze nach Belieben

Den Hafer fein mahlen. Mit Fett anschwitzen und das Wasser in 3 Portionen nacheinander dazufügen. Jedesmal rühren, bis es gut andickt. Zum Schluß würzen.

Durch verschiedene Gewürze läßt sich die Helle Sauce beliebig variieren:

- 1 TL Curry / 1/2 TL Meersalz zufügen (paßt gut zu zartem Gemüse, z.B. zu Kohlrabi)
- 2 EL Kräuter der Provence, 1 gepreßte Knoblauchzehe und 1 Prise Meersalz verwenden;
- 1 Bund Schnittlauch oder andere Kräuter nach Belieben hacken und zusammen mit 1 Prise Meersalz darüberstreuen;
- 1/2 TL Muskat und 1 Prise Meersalz zufügen;
- 100 g geriebenen Käse dazugeben und rühren, bis er geschmolzen ist;
- 3 Tomaten mit kochendem Wasser überbrühen, schälen und kleinschneiden. Mit 1 Prise Meersalz würzen und anschwitzen;
- Sauce mit 4 EL süßer oder saurer Sahne verfeinern; Mit 1 Prise Meersalz würzen.

Salate

Weichgekochte Haferkörner können Abwechslung in die Salatplatte bringen. Als Vorspeise anstelle einer Suppe oder als Beilage zum Hauptgericht bereichern Salate jedes Menü. Wenn es einmal schnell gehen soll oder Sie nur einen kleinem Imbiß reichen möchten, kombinieren Sie einen bunten Salat mit frischem Brot, frischen Brötchen und Butter.

Feldsalat

100 g Hafer / 275 ml Wasser / 200 g Feldsalat /
50 g Sesamsamen / 3 EL süße Sahne /
1 EL Zitronensaft / 1 EL Walnußöl /
1 Prise Pfeffer / 1 Prise Meersalz

Den Hafer abbrausen und mit dem Wasser 30 Minuten auf kleiner Flamme garkochen. Abkühlen lassen. Den Feldsalat waschen und putzen. Den Sesamsamen in einer Pfanne ohne Fett rösten. Aus Sahne, Zitronensaft, Öl, Pfeffer und Meersalz ein Dressing rühren. Hafer und Salat in einer Schüssel gut damit vermischen und mit dem Sesam überstreuen.

Griechischer Salat

100 g Hafer / 275 ml Wasser /
1 grüne und 1 gelbe Paprikaschote / 3 Tomaten /
1 dicke Zwiebel / 100 g dunkle Oliven /
100 g Feta-Käse / 2 EL Öl / 3 EL Zitronensaft /
1 Prise Pfeffer / 1 Prise Meersalz

Den Hafer abbrausen und in Wasser 30 Minuten bei schwacher Hitze garen. Das Gemüse waschen, putzen und kleinschneiden. Den Feta-Käse ebenfalls würfeln. Aus Öl, Zitronensaft, Pfeffer und Meersalz ein Dressing anrühren. Den garen Hafer abkühlen lassen, alle Zutaten in eine Schüssel geben, mit der Salatsauce begießen und gut mischen.

Sonnenblumensalat

150 g Hafer / 400 ml Wasser / 170 g Möhren /
170 g Weißkohl / 3 EL Essig / 2 EL Öl /
1 Prise Pfeffer / 1 Prise Meersalz /
30 g Sonnenblumenkerne

Den Hafer abbrausen und in Wasser 30 Minuten auf kleiner Flamme garkochen. Abkühlen lassen. Möhren und Weißkohl waschen und putzen. Die Möhren raspeln und den Weißkohl fein schneiden oder hobeln. Aus Essig, Öl, Pfeffer und Meersalz ein Dressing rühren. Den garen Hafer abkühlen und alle Zutaten bis auf die Sonnenblumenkerne in einer Schüssel mit dem Dressing mischen. Die Sonnenblumenkerne ohne Fett ca. 3 Minuten rösten, bis sie bräunen, und über den Salat streuen.

Waldorfsalat

100 g Hafer / 275 ml Wasser / 1 Eigelb /
8 EL Sonnenblumenöl / 1 MSP Cayennepfeffer /
1 Prise Meersalz / 2 TL Zitronensaft / 1/2 TL Honig /
6 EL Sahne / 2 große Äpfel / 2 TL Zitronensaft /
1 kleine Sellerieknolle / 1 EL gehackte Walnußkerne /
einige Kopfsalatblätter /
ganze Nußkerne zum Anrichten

Den Hafer abbrausen und mit dem Wasser 30 Minuten auf kleiner Flamme garkochen. Das Eigelb in einen Mixbecher geben; unter ständigem Schlagen mit dem Handmixer tropfenweise das Sonnenblumenöl dazugeben. So entsteht die Grundsubstanz für eine Mayonnaise. Mit Cayennepfeffer, Meersalz, 1 EL Zitronensaft und dem Honig abschmecken. Die Sahne schlagen und unterheben. Die Äpfel entkernen, eventuell schälen und kleinschneiden. Mit dem Rest des Zitronensaftes beträufeln. Die Sellerieknolle waschen, schälen und raspeln. Alle Zutaten gut vermischen und auf den Salatblättern anrichten. Mit ganzen Nüssen garnieren.

● **Tip:** Selbst eine Mayonnaise herzustellen, ist nicht ganz einfach. Es kommt darauf an, möglichst kräftig zu schlagen und das Öl in winzigen Portionen zuzufügen.

Es verbindet sich mit dem Eigelb zu der angenehm cremigen Masse, die wir alle kennen. Leicht gibt man das Öl zu schnell dazu; dann allerdings entsteht eine wäßrige Flüssigkeit mit festen Klümpchen. Das ist aber noch kein Grund zum Aufgeben und Wegschütten: Einfach mit einem neuen Eidotter anfangen und die mißratene Mayonaise tröpfchenweise dazugeben, als ob es sich um das Öl handelt. Beim zweiten Anlauf gelingt es meist schon deshalb, weil man vorsichtiger geworden ist.

Mozarella auf Hafer

150 g Hafer / 410 ml Wasser /
2 EL kaltgepreßtes Olivenöl / 3 EL Essig /
1 Prise Pfeffer / 1 Prise Meersalz / 250 g Mozarella /
250 g Tomaten / 1 Bund Basilikum

Den Hafer abbrausen und in Wasser 30 Minuten auf kleiner Flamme garkochen. Abkühlen lassen und mit einem Dressing aus Olivenöl, Essig, Pfeffer und Meersalz begießen. Mozarella und Tomaten in Scheiben schneiden und Basilikum hacken. Die Haferkörner auf einer Platte ausbreiten und darauf abwechselnd die Tomaten- und Mozarellascheiben anrichten. Mit dem Basilikum bestreuen.

Die Haferkörner können in dem Dressing ruhig etwas durchziehen. Tomaten und Käse sollte man aber erst kurz vor dem Servieren anrichten.

Salat mit Avocado

100 g Hafer / 275 ml Wasser / 2 Bund Radieschen /
1 Avocado / 1 El Zitronensaft / 4 EL Joghurt /
1 Prise Pfeffer / 1 Prise Meersalz /
30 g Sonnenblumenkerne

Den Hafer abbrausen und mit dem Wasser 30 Minuten bei kleiner Flamme garen; abkühlen lassen. Die Radieschen waschen, Kraut und Wurzeln entfernen und in Scheiben schneiden. Die Avocado schälen, das Fleisch von Kern lösen und zu Mus zerdrücken. Mit Zitronensaft, Joghurt, Pfeffer und Meersalz verrühren. Die Sonnenblumenkerne in einer schweren Pfanne ohne Fett rösten. Hafer und Radieschen vermischen. Mit dem Avocadodressing begießen und mit den Sonnenblumenkernen bestreuen.

● **Tip:** Avocados sind dann reif, wenn sie auf Druck nachgeben. Harte Früchte kann man auf der Fensterbank nachreifen lassen. Das kann bis zu einer Woche dauern. Der Zitronensaft verhindert, daß das Avocadomark grau und unansehnlich wird.

Vom Frühstücksbrei zum Cremedessert

Haferbrei ist in unseren Breiten ein uraltes Gericht. Der Römer Plinius berichtet, die Germanen würden sich hauptsächlich von Hafer ernähren, und die Römer führten die Stärke und Wildheit dieser Volksstämme u.a. auf den Verzehr von Hafer zurück. Plinius, der an Weizenbrote gewöhnt war, bezeichnete Hafer allerdings als Barbarenfraß.

Der Getreidebrei früherer Jahrhunderte war nicht so pappig wie die noch vor einer Generation bei uns üblichen Kinderbreie, die für diesen Zweck übrigens recht ungeeignet waren. Zu früheren Zeiten bestand der Brei nämlich nur aus Wasser und grobem Schrot oder Grütze und war entweder körnig oder dünn wie Suppe. Milch, Butter oder ähnliches wurde, wenn überhaupt, erst nach dem Kochen zugegeben. Wenn Getreide in Milch gekocht wird, ist es schwerer verdaulich, weil die Getreidestärke beim Kochprozeß sofort von Milcheiweiß umschlossen wird und das Korn nicht mehr voll ausquellen kann.

Porridge

200 g Hafer / 1 l Wasser

Den Hafer schroten und in Wasser stark aufkochen. 15 - 20 Minuten lang köcheln lassen. Warm zum Frühstück servieren.

Dieses Grundrezept für das berühmte Porridge der Briten läßt natürlich viele Variationen zu. Während die Engländer beispielsweise Porridge meist mit Zucker würzen, bevorzugen die Schotten es salzig.

Hier einige Vorschläge:
- 4 EL flüssige Sahne unter den fertigen Brei rühren, mit Honig würzen;
- 1 MSP gemahlenen Zimt zugeben;
- 1 Ei unter den etwas abgekühlten Brei mischen;
- 1 Löffel Butter untermischen;
- 1 gehackte, geröstete Zwiebel untermischen.

Wer den Brei lieber etwas weicher mag, kann mehr Wasser verwenden und die Kochzeit verlängern. Steifer wird er durch Zugabe von mehr Flocken. Porridge aus gekauften Flocken muß nur kurz kochen. Feine Flocken geben einen sämigeren Brei.

Dessert für Gourmets

100 g feine Haferflocken / 50 g Butter /
50 g Vollrohrzucker / 50 ml Wasser /
1/2 TL Agar Agar / 2 Bananen

Die Haferflocken in einer Pfanne ohne Fett rösten, bis sie nach ca. 5 Minuten bräunen; dabei ständig umrühren. Zur Seite stellen und abkühlen lassen. Butter und Rohrzucker miteinander verrühren und die kühlen Haferflocken untermischen. Das Agar Agar in Wasser kurz aufkochen und unter die Masse mischen. In Portionsschälchen füllen und steif werden lassen. Jede Portion mit aufgeschnittenen Bananen garnieren.

Nach Belieben kann man dies mit einer Sahnehaube krönen.

Hafer-Hirsebrei

100 g Hafer / 100 g Hirse / 800 ml Wasser /
100 ml Milch / pro Person 1 Löffel Honig /
1 Prise gemahlenen Zimt

Hafer und Hirse schroten, zusammen in Wasser stark ankochen und 20 Minuten köcheln lassen. Die Milch zufügen und nochmals aufkochen. Auf dem Teller mit Honig und Zimt würzen.

Zu diesem Brei schmeckt frisches Obst der Saison oder Kompott vorzüglich.

Deftiger Brei mit Algen

200 g Hafer / 1 l Wasser / 2 Streifen Kombu-Algen/
6 EL Sesam / etwas Fett zum Braten / 1 Prise Meersalz

Den Hafer schroten und in Wasser stark ankochen, dann 20 Minuten köcheln lassen. Zwischenzeitlich die Algen abbrausen und mit einer Schere in Stücke schneiden. In einer Pfanne Fett erhitzen und Sesam und Kombu darin etwa 5 Minuten rösten, bis der Sesam braun und die Kombu-Algen aufgepufft und wesentlich heller sind als vorher. Alles unter den fertigen Hafer mischen und bei Bedarf leicht salzen. (Vorsicht, die Algen sind schon ziemlich salzig).

Dieser Brei eignet sich hervorragend als Beilage zu einem Gemüsegericht. Man kann ihn natürlich auch zum Frühstück essen.

Backen mit Hafer

Hafergebäck ist nicht sehr weit verbreitet, denn Hafer läßt sich nicht ohne weiteres verbacken. Da Hafereiweiß kein Gliadin enthält - das ist ein Bestandteil des Kleberproteins Gluten, das die Voraussetzung für die Backfähigkeit darstellt -, läßt sich nicht jedes beliebige Backrezept mit Hafer zubereiten. Im Weizenteig entsteht durch diesen speziellen Eiweißstoff ein starkes Klebergerüst. Es hält die Gase, die man durch ein Triebmittel, z.B. Hefe, einbringt, fest. Dadurch entstehen Poren, das Gebäck wird locker und zart, zerkrümelt aber nicht. Der treffende Fachausdruck für diese Eigenschaft heißt Bindigkeit. Diese jedoch fehlt einem Teig aus Hafermehl: Er ist pappig, und er bleibt hart, flach und krümelig.

Zwar lassen sich aus Hafer einige wirklich leckere Knusperkekse und Krümeltorten backen, aber die im Haushalt gebräuchlichen Triebmittel Hefe und Backpulver sind hier vollkommen wirkungslos.

Um trotzdem abwechslungsreich mit Hafer zu backen, muß man einige Tricks anwenden: Man kann Hafermehl in geringen Mengen mit Weizen und Roggen mischen und so den Geschmack variieren.

In Verbindung mit einem selbstbereiteten Sauerteig aus Roggen kann man auch ganz normale Hefe als

Triebmittel verwenden. Die Milchsäurebakterien des Sauerteiges schließen das Getreide auf und beeinflussen die Teigstruktur positiv. In dem so vorbereiteten Teig finden Hefezellen gute Lebensbedingungen. Es entsteht ein lockeres, aromatisches Brot, das sehr saftig ist und sich lange hält. Auch wenn es auf den ersten Blick recht kompliziert erscheinen mag, eignet sich das Rezept für Sauerteigbrot (S. 110) gerade für den Einstieg in die Haferbäckerei.

Sekowa-Spezial-Backferment

Ein weiteres für Hafer geeignetes Triebmittel ist Sekowa-Backferment, ein Teiglockerungsmittel, das aus Bienenhonig und Körnerfrüchten hergestellt wird.

Um mit Backferment richtig backen zu können, benötigt man vorab einige Informationen, damit man versteht, warum verschiedene, auf den ersten Blick umständlich erscheinende Schritte notwendig sind. Wenn man sich erst einmal richtig „hineingedacht" hat, kann man mühelos wunderbares Gebäck zaubern. Aus diesem Grund möchte ich dem Backferment ein eigenes kleines Kapitel widmen.

Sekowa-Backferment wird als jahrelang lagerfähiges Granulat angeboten. Zum Backen braucht man zusätzlich einen sogenannten Grundansatz, der aus dem Granulat mit Weizenmehl und Wasser hergestellt werden kann. Dies ist eine Art Sauerteig, der mehrere Tage bei 28 - 30° C reifen muß. Man kann den Grundansatz fertig kaufen. Erfahrungsgemäß führen Experimente mit dem Grundansatz oft zu Mißerfolgen, und schnell hat man die Lust daran gänzlich verloren. Der fertige Grundansatz, ob gekauft oder selbst hergestellt, hält sich in einem Deckelglas im Kühlschrank bis zu einem halben Jahr; er läßt sich bei Zimmertemperatur mühelos verlängern.

Um mit Backferment zu backen, muß man ein Gefühl für die Prozesse entwickeln, die bei der Gärung ablaufen. Das Grundprinzip ähnelt dem der Gärung mit Hefe: Die Hefezellen nehmen den im Teig vorhandenen Zucker auf und setzen ihn in Alkohol und Kohlensäure um. Der Alkohol verflüchtigt sich, und die gasförmige Kohlensäure bildet im Teig Poren in Form von winzigen Gasbläschen. Hat der Teig eine gute Bindigkeit, wird die Luft durch das zähe Klebergerüst in den Poren festgehalten. Beim Backen verkleistern die Stärkekörner des Mehles und das Gebäck erstarrt.

Es gibt viele verschiedene Hefepilzarten. Die gängige Preß- oder Bäckerhefe enthält auf sterilen Nährböden gezüchtete Monokulturen. Hier beschränken sich die

Auswahlkriterien auf die schnelle Vermehrung und den intensiven Stoffwechsel. Bäckerhefe besteht aus gleichartigen Hefezellen. Da sie speziell für Weizenteige entwickelt wurde, werden mit Weizenmehl optimale Backergebnisse erzielt. Bei Getreiden mit anderen Inhaltsstoffen dagegen versagt die Bäckerhefe.

Sekowa-Backferment enthält keine Hefe-Monokulturen, sondern verschiedene Nektarhefen und eine Vielzahl anderer Gärorganismen, die auch die Inhaltsstoffe von Getreidearten aufschließen, die sonst als schwer oder nicht backfähig gelten. Bei der Herstellung macht man sich die Nektarhefen zunutze, die im Honig vorhanden sind (bei einem bestimmten Feuchtigkeitsgrad fängt der Honig an zu gären). Um den Hefen eine optimale Nahrung zu bieten, fügt man das besonders eiweißreiche Leguminosenmehl und Getreide bei. Dies sind die Grundbestandteile, aus denen das Sekowa-Backferment besteht. Erfunden hat es in den dreißiger Jahren ein Bäcker namens Hugo Erbe, der es in seiner Bäckerei einsetzte. 1965 wurde es im Getreidelabor des Forschungsrings für Biologisch-Dynamische Wirtschaftsweise in Darmstadt von Ada Pokorny zu der Form weiterentwickelt, in der es jetzt im Handel ist. Es ist in Naturkostläden und Reformhäusern erhältlich.

Sekowa Backferment-Schnellkurs

Um mit Sekowa-Backferment ein Haferbrot zu bakken, braucht man etwas Fingerspitzengefühl. Dies kann man sich am besten aneignen, indem man die ersten Versuche mit Weizenmehl macht, da sich dieses Mehl am einfachsten verbacken läßt. Erfolgserlebnisse werden hier schnell sichtbar.

Am besten setzt man einen Vorteig an, der über Nacht stehengelassen wird, so daß Hefen und Gärorganismen genügend Zeit haben, sich zu entwickeln und den Teig aufzuschließen. Zum Üben empfehle ich folgendes Rezept aus dem Buch von Ada Pokorny: „Backen von Brot und Gebäck aus allen 7 Getreidearten mit dem Spezial-Backferment", Arbeitskreis für Ernährungsforschung e.V., Bad Liebenzell, 3. Auflage 1989.

Vorteig:
10 - 20 g (ein bis zwei gehäufte TL) Grundansatz, 3 g (ein leicht gehäufter TL) Spezial-Backferment-Granulat, 300 - 400 g Schrot, 300 - 400 ml Wasser, handwarm, ungefähr 40° C.

In einer entsprechend großen Schüssel (kein Plastik, kein Aluminium) werden in einem kleinen Teil des abgemessenen Wassers der Grundansatz und das Spezial-Backferment-Granulat klümpchenfrei aufgelöst. Dann fügt man das restliche Wasser sowie den Schrot hinzu und vermengt die Masse gründlich. Verwendet man für den Vorteig 300 g Schrot, wird das Brot besonders mild. Bedeckt mit einem Deckel, einer Platte oder Folie bleibt dieser Vorteig mindestens 12 Stunden bei 23 - 25° C stehen. Eine Temperatur von 23° C sollte nicht unterschritten werden.

Von dem ausgereiften Vorteig kann man für das nächste Backen eine kleine Menge abnehmen, um sie anstatt des Grundansatzes beim nächsten Backen zu verwenden. Diese abgenommene Menge Vorteig wird so wie der Grundansatz auch in einem Schraubglas im Kühlschrank aufbewahrt. Von Zeit zu Zeit sollte jedoch beim Backen immer wieder mit frischem Grundansatz neu begonnen werden.

Hauptteig:

Zu dem ausgereiften Vorteig werden hinzugefügt: 700 g bzw. 600 g Schrot (so daß die Gesamtmenge - für Vorteig und Hauptteig - 1 kg beträgt), 10 - 18 g Meersalz (in etwas Wasser auflösen und über den Schrot schütten) und soviel sehr warmes Wasser bis 60° C, daß ein geschmeidiger Teig entsteht. Die erforderliche Wassermenge richtet sich nach der Art des Getreides bzw. des Mehles. Zur Verarbeitung von 1 kg Schrot werden insgesamt (d.h. für den Vorteig und für den Hauptteig) ungefähr 750 ml Wasser benötigt. Der Hauptteig soll ca. 30° C aufweisen. Er wird nun gut *durchgeknetet, so daß ein homogener Teig entsteht. In fünf bis höchstens zehn Minuten ist dies geschehen. Gut bedeckt, damit er nicht abtrocknet, kann der Hauptteig an einen warmen Ort (nicht über 35° C) gestellt werden. Nach 40 - 50 Minuten muß sich eine gute Lockerung des Teiges zeigen.*

Dieser gut aufgegangene Teig wird in Stücke geteilt, geformt, in gefettete Backkästen oder gut ausgemehlte Gärkörbchen gelegt und verbleibt wiederum 30 bis 40 Minuten bedeckt stehen. Die Oberfläche der Teigstücke darf nicht abtrocknen. Wenn die Teigstücke gut aufgegangen sind, können sie gebacken werden.

Die Backtemperatur soll ungefähr 220° C betragen. Bei einer Teigeinlage von 1160 g erhält man 1 kg Brot. Dieses ist bei genannter Temperatur innerhalb 1 Stunde gut durchgebacken und gut gebräunt.

Beim Backen sollte man eine Tasse Wasser in den Backofen stellen.

Dieses Grundrezept kann man mit etwas Übung mit geringen Variationen mit allen Getreiden backen. Es empfiehlt sich, die Brote in einer gut gefetteten Kastenform zu backen. Man kann den Teig darin auch zum dritten Mal gehen lassen. Wenn man die Brote formen und auf dem Blech backen will, muß man soviel Mehl zusetzen, bis der Teig beim Kneten nicht mehr an den Händen klebt. Für die Form darf er etwas feuchter sein.

Das Einhalten der angegebenen Wassertemperaturen hört sich komplizierter an, als es ist. Für den Anfang sollte man sich ein Küchenthermometer für Flüssigkeiten anschaffen, das in Haushaltswarengeschäften erhältlich ist. Spätestens nach dem dritten Brotbacken hat man dann die Temperatur „im Gefühl". Falls die Raumtemperatur etwa über Nacht unter 23° C abfällt, kann man die Teigschüssel in eine Kochkiste packen oder in eine Wolldecke einschlagen.

Den einmal vorhandenen Grundansatz kann man beliebig oft bei Zimmertemperatur verlängern. Hier das Spezialrezept aus Ada Pokornys o.g. Buch:

100 g Grundansatz und 30 g Spezial-Backferment-Granulat werden mit 350 - 400 ml Wasser von 40° C klümpchenfrei aufgelöst. Sodann wird ein Gemisch von 300 g Weizenschrot und 300 g Weizenmehl untergemengt, so daß ein homogener Teig erhalten wird. Diesen läßt man, in einer nicht zu großen Schüssel, gut bedeckt, bei Zimmertemperatur (nicht unter 20° C) über Nacht stehen. Die Oberfläche des Teiges darf nicht abtrocknen!

Nach ungefähr 12 Stunden ist dieser vermehrte Grundansatz so gut durchgegoren, daß man ihn in Schraubgläser (3/4 gefüllt) geben und in den Kühlschrank stellen kann. Dieser vermehrte Grundansatz wird in gleicher Weise wie der frischbereitete Grund-

ansatz verwendet. Geht dieser vermehrte Grundansatz wieder zur Neige, verfährt man in der gleichen oben angeführten Weise und verwendet dazu den bereits einmal vermehrten Grundansatz. Durch die Zugabe des Spezial-Backferment-Granulates wird immer eine Auffrischung erzielt.

Daß in diesem Rezept Weizenschrot und helles Mehl gemischt wird, begründet Ada Pokorny folgendermaßen: *Durch den mittelgroben Weizenschrot wird eine lockere, luftige Teigstruktur erzielt. Durch das helle Weizenmehl wird den Gärungsorganismen eine kohlenhydratreiche Kost angeboten, welche die Gärungsorganismen unbedingt benötigen und durch welche sie sich schnell entwickeln.*

Meine eigenen Versuche haben ergeben, daß man anstatt der Schrot-Mehlmischung durchaus auch ein in der Haushaltsmühle gemahlenes Vollkornmehl verwenden kann. (Wer eine besonders feinmahlende Steinmühle hat, sollte nicht die allerfeinste Einstellung wählen.) In der Regel sind Schrot- und Feinanteile in der richtigen Mischung vorhanden.

Mit der Zeit bildet sich an der Oberfläche eine graue Schicht. Sie besteht aus arteigenen Hefen, die sich absetzen und absolut unschädlich sind. Der Grundansatz, der beim Gären um das Doppelte aufgeht, fällt nach einigen Tagen wieder in sich zusammen, was die

Wirksamkeit allerdings nicht beeinträchtigt. Wenn der Ansatz mehrere Monate alt ist, sollte man etwas mehr nehmen, bis zur doppelten angegebenen Menge.

Mit diesem Grundwissen ausgestattet kann man sich getrost an das Backen mit dem Sekowa-Spezial-Backferment machen. (Übrigens: Für Allergiker gibt es Grundansatz und Granulat auch glutenfrei.)

Brot und Brötchen

Sauerteig-Grundrezept

1. Tag:
100 ml lauwarmes Wasser / 100 g Roggenvollkornmehl
2. Tag:
100 ml lauwarmes Wasser / 100 g Roggenvollkornmehl
3. Tag:
200 ml lauwarmes Wasser / 200 g Roggenvollkornmehl
4. Tag:
Brot backen

Roggenmehl und Wasser in einer Schüssel verrühren und mit Mehl bestäuben, damit der Teig nicht austrocknet. Mit einem Tuch abdecken und bei Zimmertemperatur stehenlassen. Jeden Tag die angegebenen Mengen hinzufügen. Am 2. Tag verströmt der Teig einen angenehm säuerlichen Geruch und fängt an, Blasen zu bilden. Sauerteig, der muffig, schimmelig oder scharf riecht, ist verdorben und darf nicht mehr verwendet werden. Das Rezept ergibt etwa 700 g Sauerteig; dies reicht für ein Dreipfundbrot.

Dreipfundbrot aus Hafer

650 g Hafer / 700 g Sauerteig / 3 TL Meersalz /
1 Würfel Hefe / 300 ml lauwarmes Wasser /
Fett zum Einfetten der Form

Den Hafer 10 Minuten bei 200° C darren und mittelgrob schroten. Alle Zutaten in einer großen Schüssel
gut miteinander verkneten. Es muß ein Teig entstehen,
der nicht mehr flüssig ist, sich aber auch nicht von den
Händen löst. Den Teig in einer Schüssel mit einem
Tuch abdecken und nach 10 Minuten Quellzeit noch
einmal durchmischen: den Teig insgesamt 1/2 Stunde
gehen lassen. In eine gefettete Kastenform geben und
nochmals etwas gehen lassen. Mit Mehl bestreuen und
bei 200° C 70 Minuten backen.

Eine Tasse Wasser in den Backofen stellen und das
Brot nach der Hälfte der Backzeit mit einer Bürste mit
Wasser besprengen. Das ergibt zusammen mit dem
aufgestreuten Mehl eine gute Kruste.

Das Brot muß unbedingt in einer Form gebacken
werden. Um es als Laib auf dem Blech backen zu können, müßte man noch wesentlich mehr Mehl hinzufügen. Dann würde das Brot jedoch trocken und krümelig.

Sonnenblumenbrot

Vorteig: 300 g Weizen / 300 ml Wasser (ca. 40° C) /
2 TL Sekowa-Grundansatz / 1 TL Sekowa-Granulat

Den Weizen fein mahlen, Grundansatz und Granulat im Wasser auflösen und alles gut vermischen. Bedeckt über Nacht stehenlassen.

Hauptteig: 300 g Sonnenblumenkerne /
400 g fertige feine Haferflocken /
500 ml Wasser (ca. 60° C) / 3 TL Meersalz /
Fett zum Einfetten der Form

Die Sonnenblumenkerne nach Geschmack raspeln oder hacken, dann alle Zutaten gut mit dem Vorteig vermischen und das Ganze 1 Stunde gehen lassen. Nach 10 Minuten noch einmal durcharbeiten. In zwei gefettete Kastenformen geben und nochmals 40 Minuten gehen lassen. Bei 220° C 1 Stunde backen. Zur Luftbefeuchtung eine Tasse mit Wasser in den Backofen stellen.

Statt der Sonnenblumenkerne kann man auch gemahlene oder gehackte Nüsse nach Wahl untermischen.

Hirse-Haferbrot

Vorteig: 1 gehäufter TL Sekowa-Grundansatz /
1 TL Sekowa-Backferment
200 ml gut handwarmes Wasser (ca. 40° C) /
150 g feine Haferflocken

Den Grundansatz und das Granulat in einer geringen Menge des Wassers klümpchenfrei auflösen und in einer kleinen Porzellanschüssel mit den restlichen Zutaten vermischen. Die Schüssel mit einem Teller abdecken (ein Tuch reicht nicht gegen das Austrocknen) und 12 Stunden (über Nacht) bei 23 - 25° C stehenlassen. Ein gut ausgereifter Vorteig hat sein Volumen in dieser Zeit erheblich vergrößert, er wirft Bläschen und riecht angenehm säuerlich.

Hauptteig: 250 g Hirse / 100 g feine Haferflocken /
2 TL Meersalz / 250 ml Wasser (ca. 60° C) /
Fett zum Einfetten der Form

Die Hirse fein mahlen und mit den übrigen Zutaten zum Vorteig mischen. Der Teig ist zunächst ziemlich weich. Nach 15 Minuten Quellzeit noch einmal durchmischen. Die Konsistenz sollte nun mittelfest sein. Bei Bedarf etwas verdünnen bzw. mit Haferflocken steifer machen. Die Schüssel wieder bedecken und 1 Stunde gehen lassen, bis der Teig schon gut aufgegangen ist. In eine gefettete Kastenform geben und nochmals 40 Minuten an einem warmen Ort gehen lassen.

Das Brot bei 220° C 1 Stunde backen. Zur Luftbefeuchtung eine Tasse Wasser in den Backofen stellen.

Diese Getreidemischung ergibt ein lockeres und gleichzeitig saftiges Brot mit einem wunderbaren, mild-säuerlichen Aroma.

Nach obigem Rezept lassen sich ganz verschiedene Mischbrote herstellen. Während der Arbeitsgang immer der gleiche ist, benötigen unterschiedliche Getreidesorten auch unterschiedliche Wassermengen. Daher ist die Mischung der verschiedenen Getreide wichtig.

Grünkernbrot

Vorteig: 150 g fertige feine Haferflocken /
200 ml Wasser (ca. 40° C) /
1 gehäufter TL Sekowa-Grundansatz /
1 TL Sekowa-Backferment

Hauptteig: 350 g Grünkern /
350 ml Wasser (ca. 60° C) / 2 TL Meersalz /
Fett zum Einfetten der Form.

Zubereitung wie Hirse-Haferbrot (S. 112). Den Hafer darren und mahlen. Der Grünkern sollte nicht ganz fein vermahlen werden, sondern zu einem mittelgroben Schrot. Es entsteht ein schweres, herzhaftes Brot mit dem unvergleichlichen Grünkerngeschmack. Wie bei vielen Grünkerngebäcken entfaltet sich das volle Aroma erst am 2. Tag.

Buchweizenmischbrot

Vorteig: *150 g Buchweizen /*
200 ml Wasser (ca. 40° C) /
1 TL Sekowa-Grundansatz / 1 TL Sekowa-Granulat

Hauptteig: *350 g Hafer / 200 ml Wasser (ca. 60° C) /*
2 TL Meersalz / Fett zum Einfetten der Form

Zubereitung wie Hirse-Haferbrot (S. 112). Hier muß der Hafer 10 Minuten bei 200° C im Backofen gedarrt werden; danach mittelgrob schroten. Den Buchweizen fein mahlen.

Brotaufstriche

Auch strenge Vegetarier haben manchmal Appetit auf Leberwurst. Diesen Eindruck zumindest bekommt man beim Anblick des Angebotes an vegetarischen Pasten, denn diese schmecken oft irgendwie nach ... ja, eben nach Leberwurst. Inzwischen allerdings werden auch Brotaufstriche aus Getreidemischungen angeboten, die etwas abwechslungsreicher sind. Eine andere Möglichkeit ist es, interessante Brotaufstriche selbst zu machen, was gar nicht so schwer ist.

Hafer eignet sich zur Herstellung von Brotaufstrichen sehr gut. Die Pasten werden ausgesprochen sämig, und man kann die vielfältigsten Geschmacksrichtungen erzielen, indem man den Hafer röstet, mit anderen Getreidesorten mischt und/oder die Paste durch verschiedene Gewürze verfeinert. Die Brotaufstriche, die in diesem Kapitel vorgestellt werden, weisen sämtliche Varianten von süß bis sauer auf - und am allerwenigsten schmecken sie nach Leberwurst! Im Kühlschrank halten sie sich einige Tage frisch.

Grundrezept: Haferaufstrich

*100 g Hafer / Fett zum Anrösten / 120 ml Wasser /
50 ml Distelöl / eine Prise Meersalz*

Den Hafer nicht zu grob schroten. In einem Topf etwas Fett erhitzen und den Haferschrot anbräunen, bis er einen angenehmen Duft verströmt. Das Wasser zugeben und unter Rühren kräftig aufkochen. Auf der ausgeschalteten Elektroplatte noch 5 bis 10 Minuten weiterrühren, bis der Hafer ausgequollen ist und eine glatte, feste Masse entsteht. Nun das Öl Löffel für Löffel einarbeiten und die Paste würzen.

Dieses Grundrezept kann man mit unterschiedlichen Zutaten geschmacklich variieren (siehe folgende Rezepte). Alle Varianten lassen sich auch aus Haferflokken herstellen.

Pinienkernaufstrich

Zu der fertigen Masse (Grundrezept S. 120) 10 g Pinienkerne geben, je nach Geschmack ganz oder gehackt.

Sonnenblumenaufstrich

10 g Sonnenblumenkerne rösten und unter die fertige Masse (Grundrezept S. 120) geben. Um dem Aufstrich einen kräftigeren Geschmack zu geben, kann man kaltgepreßtes Olivenöl verwenden.

Curryaufstrich

Die fertige Masse (Grundrezept S. 120 mit 1 TL Curry würzen. Hier ist kein Meersalz notwendig, weil die Currymischung Salz enthält.

Kräuteraufstrich

Die fertige Masse (Grundrezept S. 120) mit 1 TL getrockneten Kräutern oder 1 Bund frischen, gehackten Kräutern würzen. Als Kräutermischung kann man Kräuter der Provence, Salbei, Thymian, Schnittlauch und Petersilie verwenden.

Süßer Aufstrich

Die fertige Masse (Grundrezept S. 120) mit 1 TL Honig und einer MSP Vanillepulver würzen.

Grünkernaufstrich

*50 g Grünkern / 50 g Hafer / 160 ml Wasser /
50 ml Öl / eine Prise Meersalz*

Grünkern und Hafer zusammen fein schroten. Das Wasser in einem Topf erhitzen und den Schrot einrühren. Unter Rühren stark aufkochen und bei kleinster Hitze 5 bis 10 Minuten rühren. Das Öl einarbeiten und leicht salzen.

Der Grünkern gibt dem Aufstrich einen sehr würzigen Geschmack. Natürlich kann man auch diesen Brotaufstrich durch die Zugabe verschiedener Gewürze variieren. Er eignet sich besonders für herzhafte Kompositionen.

Aufstrich mit Hülsenfrüchten

50 g Hafer / Fett zum Rösten / 60 ml Wasser /
100 g weichgekochte Hülsenfrüchte / 50 ml Öl /
eine Prise Meersalz

Den Hafer schroten, anbraten und mit dem Wasser nach obigem Rezept (S. 120) eine Paste herstellen. Die Hülsenfrüchte zerstampfen und in die Masse einarbeiten. Eventuell etwas Wasser zufügen. Das Öl einrühren und salzen.

Dieser Brotaufstrich ist gut, um kleine Reste an Hülsenfrüchten zu verarbeiten. Es eignen sich alle Hülsenfrüchte, also beispielsweise Erbsen, Linsen, Bohnen, Kichererbsen oder Mungbohnen. Sie sollten besonders weich gekocht sein, damit sie sich gut zerdrücken lassen.

Brotaufstriche mit Hülsenfrüchten schmecken besonders gut, wenn sie mit einem Schuß Zitronensaft gewürzt werden. Natürlich kann man auch individuelle Kräuterkombinationen entwickeln.

Aufstrich mit Soja

*50 g Hafer / 120 ml Wasser / 50 g Vollsojamehl /
50 ml Öl / 3 TL Carobpulver / 2 TL Zitronensaft /
1 MSP Meersalz*

Den Hafer mittelfein schroten. Das Wasser erhitzen, Hafer und Sojamehl einrühren. Aufkochen und bei kleinster Hitze 5 bis 10 Minuten unter ständigem Rühren köcheln. Das Öl einarbeiten und die Gewürze untermischen. Die MSP Meersalz ist zur Geschmacksabrundung unbedingt notwendig!

Maisaufstrich

*50 g Hafer / 150 ml Wasser / 50 g Maisvollkornmehl /
50 ml Öl / 1 Knoblauchzehe / 1 TL Meersalz*

Den Hafer mittelfein schroten. Wasser erhitzen, Maismehl und Hafer einrühren. Aufkochen und bei kleinster Hitze 10 Minuten ständig rühren. Das Öl einarbeiten. Die Knoblauchzehe durch die Presse geben und mit dem Meersalz zusammen untermischen.

126

Süße Köstlichkeiten

Butterwaffeln

150 g Butter / 3 Eier / 6 EL Malzextrakt /
300 g Hafer / 300 ml Milch

Butter, Eier und Malzextrakt zusammen schaumig rühren. Den Hafer mittelgrob schroten und dazugeben. Den Teig mit der Milch verdünnen, so daß er relativ flüssig wird, 30 Minuten quellen lassen. In einem gut vorgeheizten Waffeleisen auf mittlerer bis höchster Stufe portionsweise backen. Der Teig enthält genug Butter, so daß man das Eisen nicht einfetten muß.

Die angegebene Menge ergibt ca. 12 Waffeln.

Zu diesen Waffeln schmeckt Obst der Saison oder Kompott. Besonders köstlich sind sie mit Sahne.

Nußknacker

150 g Hafer / 150 g Nüsse / 2 Eier / 50 g Rohrzucker /
50 g Butter / 1/2 TL Zimt / 1 kleine Prise Muskat /
150 g Rosinen / ca. 1/2 Packung Vollkornoblaten

Den Hafer grob schroten (man kann auch grobe Haferflocken nehmen), die Nüssen raspeln oder hacken. Die Eier mit Zucker, Butter und den Gewürzen schaumig schlagen; dann Hafer, Nüsse und Rosinen daruntermischen. Auf einem Backblech Oblaten auslegen und auf jede Oblate mit 2 Teelöffeln kleine Häufchen Teig daraufsetzen. Bei 175° C 15 Minuten backen.

Dattelmakronen

250 g Datteln / 250 g Hafer / 2 Eier /
ca. 1/2 Päckchen Vollkornoblaten

Die Datteln entkernen und kleinschneiden, den Hafer
grob schroten (oder grobe Haferflocken verwenden).
Die Eier aufschlagen und die übrigen Zutaten dazumi-
schen. Auf einem Blech Oblaten auslegen und mit 2
Teelöffeln kleine Häufchen daraufsetzen. Bei 175° C
15 Minuten backen.

Statt der Datteln kann man auch gedörrte Pflaumen
nehmen. Diese dann mit einer Prise Zimt würzen und
die Eier zusammen mit 3 TL Honig und 1 EL heißem
Wasser aufschlagen.

Haferkonfekt

160 g Hafer / 150 ml Wasser /
2 TL Honig / 1 MSP Zimt

Den Hafer zu feinen Flocken verarbeiten und die
Hälfte davon mit Wasser aufkochen. 10 Minuten unter
Rühren köcheln lassen und den Rest auf kleinster
Flamme noch 5 Minuten lang unterarbeiten. Honig und
Zimt dazugeben. Abkühlen lassen und kleine Kugeln
formen.

Dieses Grundrezept kann man vielfältig variieren.
Beispielsweise kann man die fertigen Kugeln in Sesamsamen, in gerösteten Haferflocken oder in Carobpulver wälzen. Oder man gibt der Mischung ca. 50 g
gehacktes Dörrobst bei.
Als Würze eignen sich auch Vanille oder Lebku-
chengewürz. Mit einigen Tropfen Bittermandelöl kann
man einen wunderbaren Marzipangeschmack erzielen.

Flap Jack

125 g Butter / 100 g gedörrte Pflaumen /
Einweichwasser / 500 g Äpfel /
Saft einer halben Zitrone / 250 g Hafer /
2 Eier / 4 EL Vollrohrzucker / Fett für die Form

Die Butter schon eine Weile vor dem Backen aus dem Kühlschrank holen, damit sie weich wird. Die Pflaumen kleinschneiden und einweichen; die Äpfel schälen, würfeln und mit dem Zitronensaft übergießen. Den Hafer mittelgrob schroten (oder feine Haferflokken verwenden).

Eier und Rohrzucker zusammen aufschlagen. Die Butter zugeben und unterarbeiten. Den Hafer mit der Eiermasse vermischen. Es entsteht ein klebriger Teig, der sich nicht vom Löffel löst.

Die Form fetten und Teig hineingeben. Pflaumen abtropfen lassen und zusammen mit den Äpfeln darauf verteilen. Bei 170° C 30 Minuten backen.

Noch warm aus dem Ofen ist dieser Kuchen eine Köstlichkeit. Er schmeckt aber auch noch am nächsten Tag.

Die Mengen reichen für eine kleine Springform.

Gedeckter Apfelkuchen

200 g Butter / 100 g Rosinen / Einweichwasser /
500 g Äpfel / Saft einer halben Zitrone / 200 g Hafer /
150 g Hirse / 3 Eier / 6 EL Vollrohrzucker /
Fett für die Form

Die Butter schon vorher aus dem Kühlschrank nehmen, damit sie weich wird. Die Rosinen einweichen, die Äpfel schälen und mit dem Zitronensaft übergießen. Den Hafer mittelgrob, die Hirse fein mahlen.

Die Eier mit dem Rohrzucker aufschlagen und die Butter untermischen. Hirse- und Hafermehl einrühren, so daß ein klebriger Teig entsteht, der am Löffel klebt. Eine Form fetten und die Hälfte dieses Teiges auf dem Boden verteilen. Die Rosinen abschütten und zusammen mit den Äpfeln darauf verteilen. Nun mit dem restlichen Teig bedecken. (Rosinen, die obenauf liegen, verbrennen beim Backen.) Den Kuchen 30 Minuten bei 200° C backen.

Der gedeckte Apfelkuchen schmeckt sowohl frisch aus dem Ofen als auch am 2. Tag.

Die Mengen reichen für eine kleine Springform.

Sonntagspralinés

40 g Butter / 50 g Rohrzucker /
110 g feine Haferflocken /
50 ml Wasser / Sesam zum Wälzen.

Die Butter zergehen lassen, Zucker und Haferflocken dazugeben. Leicht bräunen und mit dem Wasser ablöschen. Unter Rühren 5 Minuten weiterköcheln, bis sich eine feste Masse gebildet hat. Falls die Masse noch nicht steif genug ist, noch weitere Flocken dazufügen und auf schwacher Hitze unterarbeiten. Abkühlen, kleine Kugeln formen und in Sesam wälzen.

Rosinenplätzchen

250 g Hafer / 100 g Hirse / 3 Eier /
7 EL Vollrohrzucker / 200 g Butter /
100 g Rosinen / Fett für das Blech

Den Hafer grob, die Hirse fein mahlen. Die Eier teilen. Die Dotter mit dem Rohrzucker und der Butter schlagen. Mehl und Rosinen untermischen. Die Eiweiße steifschlagen und mit dem Schneebesen langsam und vorsichtig unterheben.

2 Kuchenbleche fetten und mit Teelöffeln kleine Teighäufchen daraufsetzen. Vorsicht! Viel Abstand lassen, da die Plätzchen beim Backen auseinanderlaufen. Bei 175° C 20 Minuten backen.

Kokoskrustis

175 g Hafer / 175 g Kokosraspeln / 120 g Butter /
3 Eier / 8 EL Vollrohrzucker / 1 MSP Vanille /
Fett für das Blech

Den Hafer zu feinen Flocken verarbeiten. Die Kokosraspeln bereitstellen. Butter, Eier, Vollrohrzucker und
Vanille zusammen gut aufschlagen. Kokosraspeln und
Haferflocken untermischen. 2 Kuchenbleche fetten und
kleine Häufchen daraufsetzen. Bei 175° C 20 Minuten
backen.

Apfelmuffins

125 g Weizen / 50 g Hafer / 2 kleine Äpfel /
100 g getrocknete Aprikosen / Fett für die Form /
3 Eier / 3 EL Honig / 50 ml Wasser / 50 ml Öl /
Fett für die Förmchen

Weizen und Hafer fein mahlen. Die Äpfel nach Wunsch schälen und grob reiben, die Aprikosen kleinschneiden. Die Förmchen einfetten. Die Eier teilen. Die Dotter mit Honig, Wasser und Öl zusammen aufschlagen; Mehl und Obst untermischen. Die Eiweiße steifschlagen und mit einem Schneebesen unterheben. In die gefetteten Förmchen füllen und bei 200° C 25 Minuten backen.

Muffins stammen aus dem angelsächsischen Bereich. Es sind kleine, runde Kuchen, die als Teegebäck heiß und mit Butter gereicht werden. Muffins bestehen aus Weizen-, Hafer- oder Maismehl oder auch aus Mehlmischungen. Es gibt viele Möglichkeiten, mit Nüssen, Dörrobst oder frischem Obst Geschmacksvarianten zu erfinden. Muffins schmecken auch kalt.

Da es nicht einfach ist, bei uns die passenden Förmchen zur Herstellung von Muffins zu finden, ist im Anhang (S. 139) ist eine Bestelladresse angegeben.

Weiterführende Literatur

Udelgard Körber-Grohe: **Nutzpflanzen in Deutschland.** Kulturgeschichte und Biologie. Konrad Theiss Verlag, 2. Auflage 1988. Dieses Werk gibt ausführlich und umfassend Auskunft über alle einheimischen Nutzpflanzen, ihre Geschichte, ihren Anbau und ihre Eigenschaften.

Eidgenössische Technische Hochschule, Zürich (Hrsg.): **Hafer für Mensch und Tier.** Eine Monographie über Hafer und Haferprodukte. Redaktion: Prof. Dr. A. Schürch. Hier haben verschiedene Autoren verschiedene Aspekte des Hafers beleuchtet, vom Anbau über die Verarbeitung bis zum Nährwert für Mensch und Tier. Die Artikel sind zum Teil sehr wissenschaftlich.

Ada Pokorny: **Backen von Brot und Gebäck aus allen 7 Getreidearten mit dem Spezial-Backferment.** Arbeitskreis für Ernährungsforschung, Bad Liebenzell, 3. Auflage 1989. Für alle, die sich eingehender mit Sekowa-Backferment beschäftigen möchten, ist dieses Buch gut geeignet.

Allerdings werden die Regeln einer strengen Vollwertkost nicht eingehalten. Die Wirkungsweise der verschiedenen Triebmittel wird erklärt und das Besondere
am Backen mit dem Backferment herausgearbeitet. Das
Buch enthält auch viele Rezepte für Backwaren.

Robert E. Kowalski: **Die 8-Wochen-Cholesterinkur.**
11. Auflage 1992.
Vollwertköstler sollten dieses Buch mit Vorsicht ge-
nießen, da die Rezepte alles andere als vollwertig sind.
Es gibt aber einen guten und verständlichen Überblick
sowohl über die Zusammenhänge zwischen Choleste-
rinüberschuß und Herzinfarktgefahr als auch über die
cholesterinsenkenden Eigenschaften von Hafer.

Broschüre der Gehrsitzmühle: **Demeter-Haferflocken,
Anbau, Verarbeitung, Inhaltsstoffe.**
Information über die Mühle und ihre Arbeitsweise.

Und hier noch die Bezugsquelle für Muffinformen:
Kochgut
Schloßstraße 4
8000 München 80

Index

141

R. Goetz: Naturkost I
ISBN: 3-923176-77-5, 12,80 DM

R. Goetz: Naturkost II
ISBN: 3-923176-78-3, 12,80 DM

R. Goetz: Andere Ernährung
ISBN: 3-923176-58-9, 9,80 DM

R. Goetz: Einfach anders essen
ISBN: 3-923176-21-x, 9,80 DM

pala-verlag

W. Hertling: Kochen mit Hirse
ISBN: 3-923176-50-3, 9,80 DM

U. Rabe: Dinkel und Grünkern
ISBN: 3-923176-72-4, 12,80 DM

P. Schwenk: Buchweizen
ISBN: 3-923176-64-3, 12,80 DM

Rabe: Man nehme Keime
ISBN: 3-923176-57-0, 12,80 DM

pala-verlag

**Bücher aus kontrolliert
biologischem Anbau?**

Haben wir nicht.

**Aber wir geben
uns Mühe!**

Die Produktion von Büchern kann
nie völlig umweltfreundlich sein.

Wir versuchen unsere inhaltlichen Ansprüche so weit wie
möglich auch bei der Produktion unserer Titel zu berück-
sichtigen.
Seit Herbst 1991 drucken wir alle unsere Neuerscheinun-
gen entweder auf Recyclingpapier oder auf chlorfrei
gebleichtem Papier ohne optische Aufheller.
Bei unserer Paperbackreihe und unserem Kalender für den
Biogarten verzichten wir auf die Glanzfolienkaschierung
und verwenden statt dessen einen umweltfreundlicheren
Drucklack.
Und daß unsere Bücher nicht in Folie eingeschweißt sind
und ohne aufwendige Hochglanzfarbfotos erscheinen, ist für
uns schon lange selbstverständlich.
Wir informieren Sie gerne über unser Programm:

pala-verlag • Postfach 51 • 6117 Schaafheim